Rolf Friedrich Schuett

Freudenhausschatz des vergoldeten Humors

Stoßweises Tagebuch, philosophische Ideen-Sketche

Rolf Friedrich Schuett

Freudenhausschatz des vergoldeten Humors

*Stoßweises Tagebuch,
philosophische Ideen-Sketche*

Bibliographische Information Der Deutschen Bibliothek:
Die Deutsche Bibliothek verzeichnet diese Publikation in
der Deutschen Nationalbibliographie; detaillierte bibliographische Daten sind im Internet abrufbar über
http://dnb.ddb.de

INHALT

Für meine Familie

Große Liebespaare der Geschichte

Nur kleine Liebe geht fremd und bricht Ehen

Ist die Liebe stärker als der Tod, wie die biblische Schrift sagt, dann ist nur das bedingungslose Sterben für den geliebten Menschen ein Liebesbeweis.

Der große frühmittelalterliche Theologe Abaelard und die junge Helouisa liebten einander, bis der Onkel des jungen Mädchens ihren Geliebten kastrieren ließ, und darüber hinaus. Konnte die Philisterin Delilah ihr Volk retten, als sie den liebestollen Samson dazu brachte, sich selbst zu entwaffnen?

Ein berühmtes Liebespaar der Geschichte lässt Shakespeare (a)gieren in „Antonius und Kleopatra" (1607). Usurpator Caesar und nach dessen Ermordung sein Erbe Antonius liebten die schöne ptolemäische Königin Cleopatra VII. vom Nil, doch sie benutzte beide nacheinander nur, um ihr bedrohtes Königreich vor dem übermächtigen Rom zu retten. Als der spätere „Friedenskaiser" Augustus auch Antonius besiegte, beging das herrscherliche Liebespaar Selbstmord, und Ägypten fiel für lange Zeit an Rom. Das war kein großes Liebespaar, sondern nur große Weltpolitik als Geschäftsgrundlage einer passionierten feudalen Vernunftliaison.

Eher sind wir am Kern der Liebe bei Shakespeares „Romeo und Julia", auch auf dem Lande bei Gottfried Keller, wo es das absolute Gefühl heroisch zu verteidigen gilt gegen die Sippenpolitik ihrer engstirnig verbohrten Familien. Bei Heinrich von Kleist versteigt sich die Amazonenherrscherin Penthesilea zum feministischen Kannibalismus, weil sie ihren uneingestehbar Geliebten zum Fressen liebhatte.

Glut und Wut verwirren sich da untrennbar.

Goethe war entsetzt, weil jedes selbstzerstörerische Übermaß ihn abstieß. Er heiratete sein „Blumenmädchen" Christiane erst, als sie ihn unter hingebungsvoller Lebensgefahr vor Napoleons marodierenden Soldaten gerettet hatte, aber ließ seinen „Bettschatz" (Mutter Anja) unter Qualen im Nebenzimmer ohne Krankenbesuch verrecken. Auch das war große Liebe, aber nur von der gesellschaftsunfähigen „dicken Vulpius" aus dem Volke, die allein von Schopenhauers Mutter zum Tee eingeladen worden war, doch geschnitten von der eifersüchtig kalten Frau von Stein und den übrigen fashionablen Weimarer(inne)n.

In Goethes "Faust" stirbt eine „dumme Gans" am Egoismus eines großen Gelehrten und Umweltfrevlers, der einen Pakt mit dem Teufel schließt, um doch noch in einen marianischen Himmel zu kommen. Wunschtraum eines unheilbaren Narziss, um mit der hehren Helena einen ätherischen Euphorion zeugen zu können?

Die Leinwandhelden Elisabeth Taylor und Richard Burton bildeten ein massenmediales Glamourpaar, das seine amüsant turbulente Wahrheit fand in dem verfilmten Theaterstück „Wer hat Angst vor Virginia Woolf?" von Edward Albee. --- Endlose Hassliebesszenen vor laufendem Boulevard, doch auch eher eine geschäftig inszenierte Amour Fou als die unendliche romantische Liebe ohne Erfüllung.

Da war die Liebe des edlen Ritters Don Quichote zur schönen Dame Dulcinea aus dem Mägdestall ungleich tiefer, aber auch nur literarischer erträumt.

Der zwischen Klassik und Romantik dichtende Hauslehrer Fr. Hölderlin verliebte sich "unsterblich" in die kinderreiche Frankfurter Bankiersgattin Susette Gontard und wurde vom eifersüchtigen Gatten mit Schimpf aus dem entehrten Haus gejagt. Seine "Diotima" starb jung an Röteln, und ihr Geliebter kam geisteskrank aus Frankreich zurück, um sie und sein Genie noch um Jahrzehnte im Tübinger "Hölderlinturm" zu überleben (von einer Zimmermannstochter verehrend gepflegt).

Der klassische Urhumanist Petrarca besang eine unerreichbare Donna Laura in unsterblichen Versen wie Dante Alighieri seine Beatrice, aber das waren nur glühend ungelebte Phantasmen. wie Mörikes alter Jugendtraum von der schönen Landstreicherin Maria Meyer ("Peregrina").

Romantische Liebe ist unerfüllbare Passion, Leidenschaft, die Leiden schafft. Davon träumen alle, denen heute eine prosaische Ikea-Matratze und trostlose Kiste Bier genügen. Bis heute ist Liebe über ganze gesellschaftliche Klassenschranken hinweg verpönt, Geld fickt Geld, Bildung bumst gute Manieren, soziale Inzucht blüht. In den allerteuersten Kavalier-Schlitten sitzen die hübschesten Mädchen. "Freier Sex" von jedem mit jedem von gleichem Stallgeruch, als würde Liebe jemals frei sein statt ewig gebunden sein wollen. Seit es die Pille gibt, sind ganze Liebestragödien der Kunstgeschichte obsolet geworden, Goethes "Faust" vorweg. Vielleicht ist Geschlechterliebe doch etwas anderes und mehr als ein durstiger Schluck Wasser oder gutbürgerlicher Nervenkitzel mit todtrauriger Klimax.

Wer wirklich verrückt nacheinander ist,
hält das Kondom für eine Gummizelle.

Mit Adam und Eva begann, dass wir alle abstammen vom brudermörderischen Bauern (!) Kain und nicht vom nomadischen Hirten (!) und Gottesgünstling Abel. Der Erbsündenfall des ersten Elternpaares, die Vertreibung aus dem Nomadenparadies, führte nur zum verfluchten Ackern auf dem Felde und bestand aus dem Essen von Baum der Erkenntnis, wie die himmlische Schöpfung zu einem bloßen Rohstoff für nur verschlimmbessernde menschliche Schöpfungen gemacht werden könnte.

"Bonnie und Clyde" waren in den Dreißigerjahren des letzten Jahrhunderts ein von saturierten Bildungsbürgern später schwarzromantisch verklärtes Gaunerpärchen, immerhin im realen Leben jenseits der Literatur und der guten Gesellschaft, die sie lange beraubten : Eiskalte Verbrechen eines jungen Liebespaars, aber nicht aus besinnungsloser Liebesleidenschaft.

Erst eine kultige Popverfilmung ihres kurzen Lebens bis zum finalen Schusswechsel schuf ihren melodramatischen Mythos für eine ganze hippe Studentengeneration, die psychologische Lockerungsübungen anstrebte.

Die unzertrennlichen Sagengestalten Philemon und Baucis bewirteten die unerkannt verkleideten Himmlischen und wurde zum Lohn nach ihrem Tode zu zwei nachbarlichen Lindenbäumen im Wind.

Nietzsches "letzter Mensch" ist der philiströse Bürger, "ein Lüstchen für den Tag, ein Lüstchen für die Nacht". Lieber wollte der ewige Pechvogel nichts und niemand als so etwas sein.

Wahre große (feudale?) Liebe wollte Honoré de Balzac in seinen pubertären Romanträumen von der großen Welt verherrlichen, aber gegen die eitle Macht von Geld und Prestige, die er gleichwohl verehrte im "Glanz und Elend der Kurtisanen". Sich bedingungslos wegwerfen ohne Kalkül, bis zum Tod sich opfern für ihre besinnungslose Verliebtheit in einen Unwürdigen, das ist der Triumph der unbürgerlich großen Liebe, die mehr ist als romantische Schwärmerei. Allein die junge und arme Prostituierte Coralie liebt wirklich den aufstrebenden Journalisten Lucien de Rubempré, der im entscheidenden Moment existenziell versagt und sich am Ende umbringt.

Nur Coralie liebt so absolut, wie der unkorrumpierbare Journalist d´Arthez schreibt.

Balzacs Held(inn)en der ungeschmälerten Erfüllung gehen keine faulen und "vernünftigen" Kompromisse mit der feilen, geilen sozialen Realität ein.

"Und nun zu uns!", ruft Rastignac, einer der berühmtesten ehrgeizigen Helden Balzacs, als er aus der Provinz kommt und auf Paris herabschaut, um sein Glück zu machen. Er versagt wie Flauberts Helden.

Gustave Flaubert schildert in "Lehrjahre des Herzens", wie zwei junge Provinzler ihre hochfliegenden Ideale verraten an ein schäbiges, kleinbürgerlich ermäßigtes Dutzendglück. – In der ehebrecherischen "Madame Bovary" ist der betrogene Gatte der eigentliche Held der Geschichte, wie Jean Améry richtig erkannte. Die langweilige Emma flieht vor dem vermeintlich langweiligen Arztgatten in die Arme eines Windhunds wie Fontanes Effie Briest vor dem "Angstapparat" ihres Mannes in die Arme von Major Crampas. Diese beiden verwöhnten Kleinbürgerinnen sind hart gestraft, aber keine großen Liebenden.

Lebt Kunst von der Verletzung der Zehn Gebote, wo kurze Sinnenlust von zweien mit sinnlosem Leid von vielen erkauft wird?

Der stets unglücklich liebende hässliche Stendhal (alias Henri Beyle) wusste in seinen Romanen großherzig Liebende wenigstens glaubhaft zu schildern.

Berühmt sind die leidenschaftlichen Liebesbriefe der "dummen" Portugiesin Louise Labé an ihren untreuen und bindungsunfähigen Geliebten, dem sie unverbrüchlich die ehelose Treue hielt.

Hatte König Ödipus, der unwissentlich (oder nur bewusst unbewusst) seine geliebte Mutter Iokaste heiratete und seinen verhassten väterlichen Nebenbuhler tötete, wirklich einen verdrängten Ödipuskomplex, wie Uranalytiker Sigmund Freud suggerierte, und ist dieser Komplex der psychologische Kern allen kulturell notwendigen Triebverzichts? Oder war Ödipus, wie Immanuel Velikowsky vermutete, eigentlich der ägyptische König Echnaton, der Nofretete in Inzucht heiratete, während sein schwuler Vater Amenophis III. in Frauenkleidern herumlief und Mutter Teje ...

Oder ging Freuds "Komplex" umgekehrt von der Mutterfigur aus, die ihren Sohn (unbewusst) ödipal an sich band, um ihn scharf zu machen und in feministische Kriege zu schicken gegen ihren verachteten schwachen Gatten, der ihr allzu lästig wurde? Freud schrieb, dass die Libido seiner Theorie identisch sei mit dem platonischen Eros im Dialog "Symposion".

Das modisch emanzipierte Alptraumpaar Beauvoir-Sartre führte eine kinderlose Ehe ohne Trauschein, in der jeder dem anderen beliebige, infame Freiheiten zu lassen versprach. Die Philosophielehrerin "Castor" litt unter Eifersucht, führte aber ihrem lausigen Geliebten "Pollux" ("Poulu") immer wieder minderjährige Schülerinnen aus ihren Klassen zu, und beide gestanden einander in unzähligen Briefen alle Affären in allen schmutzigen Details. Den ersten Orgasmus verschaffte ihr nicht der bewunderte Student Sartre, sondern viel später der amerikanische Autor Nelson Algren, während der überaus hässliche und deshalb überaus charmante Jean-Paul Sartre Frauen eingestandenermaßen lieber masturbierte als penetrierte. Die dann mit einer Schülerin bisexuell lebende Urfeministin de Beauvoir ("Das andere Geschlecht", Paris 1949) blieb Sartres Intimfeindin, die ihn hinderte, jemals wirklich erwachsen zu werden. "Sartre ist ein Genie, ich bin es nicht." Sie adoptierte wie er je eine Geliebte, und beide nannten das ihre Familie, als sie seit Mitte Dreißig längst nicht mehr miteinander schliefen.

Das großbürgerliche Schriftstellerpaar hasste das Großbürgertum seiner Herkunft zeitlebens und nannte sich sozialistisch.

Martin Heidegger, der berühmteste Philosoph des 20. Jahrhunderts, hatte neben seiner nationalistischen Gattin Elfriede eine Affäre mit der jungen Studentin Hannah Arendt, die von Günther Anders sich getrennt hatte, nach Heideggers rechtslastigem Polit-Engagement den proletarisch autodidaktischen Kommunisten Heinrich Blücher heiratete und doch an den „verlogenen" Heidegger zeitlebens seelisch gefesselt blieb.

Es waren zwei (mythologische) Königskinder, die ein durchschwimmbares Meer nicht trennen konnte. Als Königssohn Leander laut Ovid ohne ihr Leuchtfeuer ertrank, folgte ihm Priesterin Hero in den Tod.

Der englische König Heinrich VIII. verschliss mehrere Frauen, die ihm keinen ersehnten männlichen Erben schenken konnten, wie die junge Anne Boleyn, deren „Hochverrat" er dann dem Henker übergab.

Um sich von seiner katholischen spanischen Gattin scheiden lassen zu können, gründete er sich die anglikanische Nationalkirche gegen Rom mit Hilfe eines Bischofs. – Aber ein großes Liebespaar?

Der geniale Frühromantiker Friedrich Schlegel ehelichte die Mendelssohn-Tochter Dorothea, die sich dazu mit einem Sohn von ihrem Gatten Veit trennte und für Schlegel katholisch taufen ließ – nicht nur vom Protestanten Hegel bissig verhöhnt.

Ein großes Liebespaar gegen die große Welt.

Ehegatte R. M. Rilke pflegte eine Liebesbeziehung zu Lou Andreas-Salomé, die Nietzsche abgewiesen hatte, sich weigerte, ihre Ehe mit dem Orientalisten Andreas auch nur zu vollziehen, und bei Freud zur Psychoanalytikerin wurde. Am Ende ließ Rilke sich von hochmögenden adligen Verehrerinnen aushalten.

Auch kein wirklich großes Liebespaar …

Kognitive Dissonanz und produktive Resignation

Meine These vorweg : Eine kognitive Dissonanz braucht nicht praktischen Konsens und kein konsonantes Aktionsgetue, sondern Theorie und nochmals reine kognitive Theorie.

Alternativen zu den Alternativen?

Zu empfehlen ist gelassenes individuelles Desengagement und Flucht vor allem, was nach kollektiver Politkampagne riecht, riet einst ein kluger Mann.

Wird der Normalverbraucher hin und her gerissen zwischen widerstreitenden Erkenntnissen und Bedürfnissen, neigt er dazu, sein bedrohtes Gleichgewicht wiederzugewinnen durch *schreckliche Vereinfachung* oder Unterwerfung unter den jeweils mächtigsten Impuls(geber) − mit geistigem Vorbehalt natürlich, der langsam einschläft. Sich ständig offen zu halten für irritierende Zwischenrufe und Revisionen geprüfter Überzeugungen, ist so anstrengend wie das Dauerschwanken zwischen gleichstarken, aber gegenläufigen Interessenrichtungen. Alle Schwindler machen geschwind schwindlig. Am leichtesten ist die innere Sicherheit zu erlangen durch Anschluss an eines der kollektiven Meinungslager im Konkurrenzkampf der Konfliktparteien, die ihre Lösungen feilbieten auf dem medialen Markt. Entlastende Gruppendynamik ersetzt dann die unbestochen einsame Wahrheitssuche z. B. in der Beurteilung politischer Geschehnisse oder Versäumnisse bzw. gesellschaftlicher Tendenzen oder

Wünschbarkeiten. Das Problem hat eine psychologische und eine etwas grundsätzlichere philosophische Seite, die an dieser Stelle kurz angerissen werden soll.

Die einzige authentische Haltung des Intellektuellen heute ist "schöpferische Resignation" angesichts der Unveränderbarkeit des zugleich versteinerten und zerrütteten Bestehenden, statt sich in leerlaufenden Aktionismus zu flüchten, der seine tendenziellen Verschlimmbesserungen der Lage nicht einsehen will. Theorielose Bastelei an Symptomvermeidungsstrategien verschafft sich leicht ihr gutes Gewissen. Im Durchschnitt wird heute viel zu viel getan statt zu wenig. Schlafmützen suchen keine Unruhestifter, sondern Dauergestresste und Gehetzte umgekehrt endlich Stille, die sie aber gleichwohl gar nicht mehr ertragen könn(t)en, um in Ruhe nachdenken zu lernen.

"Ruhe ist das erste Bürgerrecht." (*Johannes Gross*)

Im Übrigen leben Essay und Aphorismus, die bevorzugten Äußerungsformen von Moralisten seit dem 17. Jahrhundert, von der Unauflösbarkeit der Paradoxien und "kognitiven Dissonanzen", welche die gesellschaftlichen Antagonismen exakt wiedergeben und nur noch durch Ideologien aufgehoben werden können. *Kognitive Dissonanz* ist keine Geisteskrankheit, sondern eine getreue Wiedergabe des widersinnigen Weltzustands.

Während Hegels Dialektik alle geistigen und sozialen Widersprüche, den Motor der Geschichte, schließlich in den vernünftigen Fortschrittssynthesen aufhob, betonte die Frühromantik um Fr. Schlegel und Novalis zum ersten Mal, dass Versöhnung des Unvereinbaren nur durch falsches (also ideologisches) Bewusstsein möglich sei.

Adorno griff das später auf und entwickelte seine "Negative Dialektik" gegen die stets falsch erschlichene Aufhebung kognitiver Dissonanzen zwischen Individuum und Allgemeinheit, Gott und die Welt, Erscheinungen und Wesensbegriff (Idee), Sein und Bewusstsein, Natur und Kultur, Leib und Seele und Geist, Kopf und Herz und Bauch, Realität und Moralität, Pflicht und Neigung, ja, Umwelt und Wachstum, Kapital und Arbeit, Arm und Reich etc. – durch konsonante Harmonisierungen. Widerspruchsspannungen seien auszuhalten und reflexiv bewusst festzuhalten, ohne aktionsideologisch weggeschlichtet zu werden.

Die Aufhebung des Widerspruchs von Theorie und Praxis wurde eine schöne Theorie – oder Theologie. Und die Unvereinbarkeit gleichberechtigter sittlicher Pflichten führt zur Unentschiedenheit, die sich mit Entscheidungsfreiheit verwechselt.
(Dazu ist beim Neophänomenologen Hermann Schmitz manches zu lernen.)

Alles verspricht ja heutzutage "lückenlose Aufklärung" und "völlige Transparenz", doch nichts nimmt in den fortgeschrittensten Hochindustriegesellschaften mehr zu als die Undurchsichtigkeit aller Verhältnisse und die Unmöglichkeit, sich im Gewirr der medialen

Infotainments ein sachlich begründetes Urteil zu verschaffen, den Durchstich des gewöhnlichen Sterblichen zur Realität.

Was auch praktisch und kollektiv unternommen werde, verstärke im gegenwärtigen Weltzustand das herrschende Unheil nur noch mehr ins Unabsehbare. Die Welt, so wie sie ist, ist das Werk von allzu aktiven Leuten, nicht von Menschen, die nichts tun und nur erkennen und benennen wollen, was ist ...

"Das Universum ist kein System, d. h. logischer Zusammenhang, sondern eine hierarchische Struktur von Paradoxen." *(Nicolas Gomez Davila*, Bogota),

Kurz : Kognitive Dissonanz braucht nicht praktischen Konsens und konsonantes Aktionsgefuchtel, sondern Theorie und nochmals Theorie der Widersprüche und des Widersprechens. Beiseite im einzelgängerischen Abseits des Herrgottswinkels mögen hier und da vielleicht noch verlässlichste Einsichten gelingen.

Ambivalenz : Mindestens zwei verschiedene oder gar unverträgliche Bestimmungen konkurrieren um Identität mit derselben Sache und geben ihr eine instabile Unentschiedenheit, definiert der Phänomenologe. Die Welt schillert, selbst ihr Schillern oszilliert. Zotige Zweideutigkeit bis zur künstlerischen Vieldeutigkeit sind der Fundus des Humors gegen alle Basta-Eindeutigkeiten des Lebens. Auch die Ambivalenz von allem wäre selber ambivalent darzustellen.

Vom Spott zum Trott

Wo spottet der große Held
ungestraft der großen Welt
und ihrem großen Geld?
Nein, die Welt und ihre Götter
spotten schon längst ihrer Spötter.

Spott und Hohn,
der Schufte Lohn?
Ein künstlicher BOT
übernahm den Spott
auf alle Spötter
und ihre Götter.
Auf deinem Schafott,
satirischer Spott,
lacht nur Schamott.

Satire auf die hohen Tiere
ward längst zur Selbstsatire
der stolzesten Schmäher
und ihrer Spaßversteher.
Hilflos gleitet der Schmäh
ab von der *Realité*.

Was sich ernst zusammenrottet
und sich selbstvergottet,
hat sich ernsthaft selbstverspottet?
Längst widersteht die Rotte
höhnisch jeglichem Spotte.

Ohnmächtig gleitet dein Spott
nur ab von jedem Hundsfott
und seinem Pfundstrott.

Die Welt verspottet schon
all deinen Spott und Hohn,
mein guter Sohn mit Phon.
Lach und spott und ras´,
du machst ja doch nur Spaß!
Die Welt nimmt deinen Spott nicht ernst,
mein lieber lustiger Ernst!

Dein Spott wird toleriert,
denn er ist kastriert
und liberalisiert.
Blutiger Ernst ist dein Trainer,
du bist nur sein Entertainer:
Auf all deine lustigen Listen
pissten die Faschingsfaschisten.

Humorist Jean Paul

Er ist einer unserer unbekanntesten Klassiker, ja, einer der verkanntesten Genies der deutschsprachigen Literatur, eher ein Geheimtipp von Schriftstellern für Schriftsteller geblieben. Zu Lebzeiten lasen ihn vor allem die Frauen, die sich von seinen Romanen wie "Hesperus" endlich einmal wirklich verstanden fühlten und ihn später in Weimar so umschwärmten, dass er sich ihrer privaten Heiratsanträge kaum mehr zu erwehren wusste. Für Literaturwissenschaftler schrieb er zu romantisch, um noch zur deutschen Klassik zu zählen, und doch zu klassisch, um schon zu den Romantikern zu zählen. Das Treiben der frühromantischen Originalgenies um Fichte, Schlegel und Novalis verspottete er in seinem "Titan", aber Goethe und Schiller sahen ihn eher befremdet wie "vom Mond gefallen".

Bis heute gelten all seine Werke als ausnehmend "schwierig". Sie wirken wie Gebäude, wo jeder Stein selbst wieder ein ganzes Haus für sich ist. Der Lesefluss wird ständig unterbrochen, weil man über fast jeden Satz erst stolpert und ins Grübeln kommt, statt sich wie gewohnt einem aalglatten "Flow" überlassen zu dürfen. Dieser einfallsreiche Trivialitätensaboteur schmeichelt niemals unserer Bequemlichkeit und ist doch ein großer Humorist (wie Sigmund Freud). Seine spezielle und sehr seltene Art von Humor ist das permanente Wechselbad zwischen Rührung und Ernüchterung, Sentimentalitäten und Eiswasserduschen, zwischen Idyllik und Satire. Sein Verfahren rechtfertigte er 1804 in der "Vorschule zur Ästhetik" (§ 31 f.). Günter de Bruyn beschrieb 1975 sehr einfühlsam und lesenswert "Das Leben des Jean Paul Friedrich Richter", der aus allerärmsten Verhältnissen sich in den literarischen Olymp emporschrieb (und von Hegel zum Doktor ehrenhalber ernannt wurde). Leider starb er schon mit 62 Jahren – wie Fichte, Chesterton und auch Kraus.

In der Bayreuther "Rollwenzelei" erdachte er bei viel Kaffee und Wein seine humoristischen Romane: "Flegeljahre", "Schulmeisterlein Maria Wuz", "Quintus Fixlein", "Siebenkäs", "Dr. Katzenbergers Badereise" und (von Arno Schmidt bewunderter) "Komet", voller phantastischer Abschweifungen, essayistischer Einschübe, sprachartistischer Kapriolen und – auch witziger Aphorismen. Denn Jean Paul ist als Humorist auch Aphoristiker, vielleicht neben Nietzsche unser allergrößter (statt des immer genannten Lichtenberg). Seine etwa 40.000 nachgelassenen Geistesblitze sind bis heute noch nicht alle veröffentlicht – ein literaturwissenschaftlicher Skandal erster Güte. (Leibgeber ist wohl die weltweit einzige Romanfigur, die Aphoristiker ist.) Die bemerkenswerten "Bemerkungen über uns närrische Menschen" wurden dann wie seine lebenslang gesammelten Lesefruchtexzerpte geschickt in die Romane eingearbeitet.

Humor ist, wenn man trotzdem wiehert

Der Zeitgenosse unterscheidet nicht mehr groß zwischen Humor, Komik, Comedian-Comedy, Kabarett, Satire, Witz und Schmäh. Hauptsache, es ist zum viehischen Wiehern oder wenigstens feistes Grinsen. Fast alles ist zu Hohn und Spott freigegeben, nur weniges bleibt einigermaßen tabu.

Otto Bierbaum sagte nicht : Humor ist, wenn man trotzdem wiehert. Der versöhnliche, alles verzeihende und verstehende bis goldene Humor weicht heute gern der bissigen Satire, die aber zunehmend von ihren Gegenständen hilflos abgleitet in Selbstsatire des Satirikers, denn Satire wäre heutzutage umso notwendiger, je wirkungsloser sie mit Pokerface verpufft zu einverstandenem Entertainment. Man macht ja immer nur Spaß, wo ein Karl Kraus Ernst machte.

Die Satire sagt : *Dies* behauptet etwas zu sein, doch *das* ist es wirklich! Aber heute gibt es keinen winzigen Spalt mehr zwischen Sein und Bewusstsein, wo Satire ansetzen könnte, analysierte Th. Adorno in "Juvenals Irrtum" („Minima Moralia"). Alles soll heute wirklich genau das sein und als das genommen werden, was es zu sein beansprucht.

Jemand sagte mir, der moderne universal gewordene Schwachsinn des Geplappers sollte beim Namen gerufen werden, indem er durch einen noch größeren

Schwachsinn zu überbieten und ad absurdum zu führen wäre. Aber auch diese Volte würde als lustiger Salto-Mortale-Purzelbaum vermutlich inzwischen ins Leere laufen, steht zu fürchten : Der Rezipient liest dann eben nur verharmlosenden Nonsens, über den noch sein eigener Flachsinn sich grienend erhaben fühlen darf.

Kein Ausweg in Sicht. Nur blutiger Ernst sei dem herrschenden Unheil noch gewachsen, befand Adorno bündig. Damit will ein „Humorist" und passionierter Niedersachse wie **Dietmar Wischmeyer** sich nicht abfinden, der z. B. in „Frühstyxradio" bis TV-„Heute-Show" auftrat und mit „Deutschbuch", „Logbuch", „Schwarzbuch" und „Reisen durch das Land der Bekloppten und Bescheuerten" tourte. „Realsatiriker" aus „Absurdistan"? „Wischmeyer benutzt das Florett wie einen Vorschlaghammer – und umgekehrt" (Kollege Jürgen von der Lippe). Rezensenten schrieben vollmundig von sprachlichem „Fallbeil" mit „Senkgrube", „schwarzhumorig & wortgewaltig", „hinreißend niederträchtig" und „saukomisch".

Da geht es ungleich anal-vulgärer und respektloser zu als etwa beim hintergründig sanften Max Goldt oder schon polternderen Bajuwaren Gerhard Polt. Aber ich fürchte, auch ein geschätzter Dietmar Wischmeyer erreicht nicht den springenden Angelpunkt, sondern bleibt wie der Franzose Ferdinand Céline ein begabter Sprachkotzer, dem langsam aber sicher vor schier überanstrengtem Antikunstwillen die derbstsatirischen Schimpfwörter und erfrischendsten

Beleidigungssuperlative auszugehen drohen, bevor das Ganze mehr werden kann als eine neue originelle Unterbietungsspirale der globalisierten Bespaßungsindustrie. Auch endlos und virtuos variierte Beleidigungskomposita schaffen oft nicht genug erfreuliche Abwechslung in der nur ermüdenden Monotonie einer heißlaufenden Kloakalsuada, die ihre asozialen Angriffspunkte unter Schrottbergen von wuts(t)imulierendem Sprachschutt schließlich nur noch verbirgt. Wohl niemandem bleibt darüber das Lachen im Halse stecken, wo er vor sich selbst erschrickt.

Dieses Sprachtrommelfeuer nivelliert alle seine missbrauchten Anlässe und lässt kurioserweise nur noch ein (ironisches?) Loblied auf Kumpelsuff und Motorradfahren übrig. Schade ...

Ein erschreckender Fund

Eines schönen Tages fand ich,
Dass ich nie etwas fand, was andere
Nicht schon längst gefunden hatten.
Das fand ich erschreckend.
Werde ich von der Welt abtreten,
Ohne jemals etwas gefunden zu haben,
Was noch niemand vor mir gefunden hatte,
Nicht den kleinsten eigenen Gedanken?

Ich führte ein Leben,
Das Millionen andere auch "führten",
Mit unbedeutenden Variationen.
Ich las und erzählte Geschichten,
Die Tausende vor mir lasen und erzählten,
Mit unbedeutenden Variationen.

Ich denke Gedanken, die schon
Hunderte von Generationen vorher dachten,
Mit unbedeutenden Variationen.
Als ich das entdeckte,
Eines Tages, aus heiterem Himmel,
Beschloss ich kurzerhand,
Aphoristiker zu werden.

Henkfabriken

Die allerersten Denkfabriken
mit priesterlichen Lenk-Kaziken
waren die Religionen.
Doch erst hundert Millionen (!)
Opfer schafften Sozialismen,
die aufgeklärten Atheismen
mit ihren Euphemismen
und Knüppelhumanismen
in wenigen Jahrzehnten,
viel bilanzgeschönten.

(Feminismus denkt noch weiter
auf der Atheismusleiter.
Dir fehlen die Worte:
50 Millionen Aborte (!)
weltweit und alljährlich
machen Kriege entbehrlich.)

Im Vaterland Phantásien
blüht östliches "Eurasien"
tyrannischer Chaoten
und Militärdespoten.
Rotes Interregnum
war im Winter-Rektum:

Vor- und nachher waren
wieder nur die Zaren
auf orthodoxen Krücken
mit paradoxen Tücken.

Vor einem Sozialismus
in den andern Atheismus
floh kein *Bertolt Brecht.*
Er wählte als eilig Exil
das klassenfeindlichste Ziel
und lebte gar nicht schlecht
in der kapitalistischen Hölle,
rühmte dort (r)ostrote Helle:
Er machte nur Theater,
verspielte seinen Kater.

Wie idyllisch waren Religionen
in jeglichen Zeiten und Zonen
für lebendige Millionen!

Moderne Fake-Musik gedrabbelt

Im Paradies werden Wolf und Lamm friedlich beieinander liegen. Bis dahin werden Lämmer von Wölfen gerissen werden, wenn die (Hunde der) Hirten schlafen. So haben es Propheten geweissagt in einem atonalen Opus, das niemand verstehen will. Man versteht nur Hurz!, steigt in seinen Mercedes und fährt ein Geduldslamm tot.

Im Paradies wird das Lamm auf der grünen Wiese nicht den Werwolf fressen, denn der ist ungenießbar. Aber sie werden auch nicht gemeinsam im Mercedes auf die grüne Liebeswiese fahren. Hienieden sitzen der Wolf im Mercedes und das Lamm in der Scheiße : Immer noch besser als der Wolf im Lamm. Hurz-Schnurzegal!

Alle gleichen einander darin,
grundverschieden voneinander zu sein,

Das meiste *Transzendieren* im 20. Jahrhundert bestand darin, Rivalen zu übertreffen.

Der rechte Heidegger und der linke Sartre konnten mit der Politik sozialistischer Herrscher mehr anfangen als die Mächtigen mit den Philosophien dieser dienstbereiten Denker.

Begriffe sind die griffigsten Angriffe
Rüstung ist die (erst)beste Verteidigung

Astronomie wurde Angriff auf die Gestirne,
Astrologie war Griff nach den Stirnen.

Ich fühle mich jedes Mal etwas angegriffen
von meinen Angriffen auf andere.

Freudige Überraschungen:
Überraschungsangriffe auf Unterlegene.

Der Verteidiger braucht eine geschlossene
Festung, der Angreifer nur ein offenes Fenster.

Einst verteidigten Helden die schwache Krea-
tur gegen jeden Angriff der Mächtigen, dann
Geisteshelden die rote Diktatur gegen jeden Ar-
beitssklaven.

Ich setze mich nicht zwischen alle Stühle, sondern in einen Sessel, stecke mich in eine feste
Schublade und verteidige mein starres Dogma
gegen die tausend schwammigen Dogmen der
agnostischen Aufklärer von heute.

Mathematik oder Idealismus verteidigen den
Kopf gegen die Bauchattacken, Kopfschmerzen
oder Hirnforscher den Bauch gegen Kopfattacken

Pop(anz). Wer allen nach dem Munde reden
will, verteidigt den Fraß und Suff, Sex und Sport
gegen Angriffe geistiger Begriffe.

Aufklärung verteidigt nackte Fakten
gegen bloße Ideen und doch ein Ideal
gegen böse Fakten.

Der billige Angriff auf Naturplünderung
ist Angriff auf teure Naturwissenschaft.

Ungedroschenes ist Angriff auf Abgegriffenes.

In der Gruppe willst du die Macht,
die du durch sie angreifst?

Jeder Begriff ist ein übergriffiger Angriff
auf seine Objekte, an denen er sich
ergriffen vergreift.

Angegriffene Gesundheit
ist nicht der beste Angreifer.

Angreifer wollen bei Wohlhabenden
eingreifen, um etwas abzugreifen.

Amusische Literaturkritik aus Schilda

Wieland : Antikenjournalist mit Rokokograzie

Schiller : sentenziöser Kant der Kolportage

Goethe : edler Wilder oder harmoniesüchtiger
Dichterfürst als Adelsknecht?

Kleist : preußisch bipolarer Gefühlsabsolutist

Hölderlin : christlicher Dionysos,
verrückt nach verheirateter Diotima

Jean Paul : Satireidylliker mit Sprachgebäude
aus lauter pointierten Gebäuden

Stifter : österreich. Schulrat als Kulturbukoliker

Heine : lähmend selbstdementierende Romantik

Mörike: frühverrentete Pastorale, Turmhahn kräht

Eichendorff : Amtsrat als fahrender Taugenichts

Fontane : pläsierliche Dampfplaudereien
eines Hugenottenpreußen mit Adelstic

Gotthelf : schwyzerdytscher Bauernprophet

Joyce : polyglott gemurmelter Weltmonolog

Musil : „Anderer Zustand“ als „Schleudermystik“

Brecht : rote Bühnenhure als Politdemagoge

Schmidt : etymologischer Pubertätsmuskelmann

M. Walser : impotenter Erzähler
als erektiker Aphoristiker

Kafka : komischer Literaturheiliger aller Versager

Döblin : Wie sich katholische Psychiater
den Berliner Proleten vorstellen

Böll : Entparadoxierter Chesterton vom Rhein

Enzensberger : hakenschlagfertiger Avantgarde-
mime

Grass : rotbrauner Butt als Rättin Oskar

Kempowski : „Swingheini“ der norddt. Literatur

Hemingway : Mehr Mann und das Tränenmeer

Ph. Roth : Nathan Z., der stückweise Jedermann

Updike : Rabbit Beech als christlicher Ehebrecher

Faulkner : Südstaatenkaff mit Maiskolbenfuck

Proust : beim asthmatischen Mamakind und
Teetrinker verlorene Zeit der Gedächtnislücken

Rimbaud : vom Jungpoeten zum Waffenhändler

Balzac : Pubertätsträume von der großen Welt

Flaubert : Literatur als Gefühlswissenschaft

Baudelaire : katholischer Grostadtsatanist

Céline : kollab(or)ierender Sprachkotzer
der Dreipünktchenromane.

Gide : Grundbesitzerbe als schwuler Linkspietist

Beckett : Fettlebe mit Magersucht
auf Mülltonnen-Fete

Dostojewski : epileptische Karnevalisierung
der slawischfrommen Lebensqual

Tolstoi : urchristlicher Buchgraf auf Bauernmagd

Shakespeare : Montaigne als Welttheater.Barbar

Dickens : sentimentaler Pickwick der Sozialkritik

Nabokov : Lolitas Schmetterlingsjagd
auf der Flucht vor Freuds Couch.

Capote: gefallen(d)e Societyhure als Queerjunkie

B. Strauss : Rechtstragiker contra *woke* Spaßwelt

Handke : Pop-Pietist als Aphorismusmystiker

Schopenhauer : paranoider Stammtischpessimist

Hebbel : Bühnenfatalist als Tagebuchaphoristiker

Lichtenberg, Kierkegaard : Buckel als Satiriker

Th. Mann : großbürgerliche Frack-Ironie holt
Erhabenes glatt auf Platt herunter

Trakl : Drogendichter im Geschwisterinzest
unter Bombenhagel

Rilke : feminine Juchtenfeder im *Weltinnenraum*

Hesse : mit pastoralen Landstreicherkitschier
zum Geisteskloster im Weltkrieg

Benn : kruppstahlharter Versnihilist
im dermatologischen Urschleim

Doderer : Wiener Strudlhof-Dämon fetter Damen

Büchner, Heym, Trakl, Borchert : Frühvollendete,
die keine Zeit mehr hatten zu verspießern

Jünger : General als rechter Poet,
schöngeistiger Charakterpanzer

Sartre: großbürgerlicher Bürgerschreck, säkularer
Klosterbruder mit Freiheit von der Ehe zur Clique

Th. Williams : amerikan. Schwulenkannibalismus
plötzlich letzten Sommer

Homer : Hexameterhelden als epische Langweiler

Vergil : Papierhirten gegen Haudraufhelden

Dante : Himmelstragik als Höllenkomödie?

Cervantes : Narr als Idealist, Ritter unter Bürgern

Racine : klassisch. Passionsballett im Tragiklabor

Molière : Possen als klassische Hochkultur

V. Hugo : republikanische Geistermystik

Zola : Bürger zwischen DNA und Stallgeruch

Grillparzer : bindungsscheuer Goethe-Epigone

Gogol : russischer Revisor seiner Toten Seelen

Turgenjew : russischer Realismus ohne Poesie

Hamsun : rechtslastiger Landstreicherbarde

Hauptmann : Goethe als Weberhannele Till

J. Roth : Suffsehnsucht nach Kaiser Franz Joseph

Shaw : Nietzsches Übermensch
als irischer Puritaner

R. Walser : Überleben durch Selbstverkleinerung

Sprüche über Sprücheklopfer

Heraklit : Arbeitsfriede ist der Vater des Nichts

Gracian : Weltmann als Verstellungskünstler

Larochfoucauld : glückloser Politiker,
erfolgreicher Aphoristiker

Vauvenargues : Das Herz klopft Sprüche
vor frühem Herzschlag

Chamfort : Die Revolution frisst ihre Bankerts

Labruyère : Porträts charakterloser Charaktere

Fr. Schlegel : Fichtes rationale Urteilskraft wird
zur ironischen Einbildungskraft über allen Fakten

Novalis : Freier Geist baut sich seinen Körper

Lichtenberg : Fer Buckel als Aphoristiker

Nietzsche : Übermensch ohne Über-Ich. Gnomi-
scher Machtwille des Krüppels über alle Krüppel

Kraus : aphoristische Rumpelstilzchenwut
macht Pressehure zur Literaturjungfrau

Canetti : bekämpft Mamas Machtwillen in allen
anderen; mit Tieren und Chinesen gegen den Tod.

Rezensierte Philosophen

Demokritos : Atommetaphysiker aus Schilda

Sokrates : Athener Nervensäge am gesunden
Menschenverstand der Normalos

Platon : wahre Welt oder Warenwelt, Norm gegen Normalität, bitte von allem eine Idee mehr!

Aristoteles : Nur theo-retisches Leben ist göttlich

Epikur : Lüstling als Gartenphilosoph versteckt

Seneca : predigte stoisches Wasser
und soff Epikurs Wein.

Augustinus : Keine Begnadigung
durch gute Werke?

Thomas: *stummer Ochse* griff seine Schlächter an

Spinoza : Ist der Schöpfer nicht mehr als seine
Schöpfung? Nur Affekt hilft gegen Affekt

Descartes : Geist denkt, Leib lenkt, Ich is(s)t

Leibniz : Analysen machen bei Monaden Halt

Kant : Dein freier Wille ist mein *Ding an sich*.
Opfer seiner Neigungen befreit sich durch Pflicht.

F-ich-te setzt jedes Nicht-Ich und sich davon ab

Schelling : Nachts sind alle potenten Katzen eins
und grau(sam)

Hegel : macht sich einen ganzen Begriff von Gott

Schopenhauer : Wissenslust gegen Willensleid

Marx : „Ohne Köpfen geht das Ding nicht“

Kierkegaard : Innerlichkeit ohne Außenwelt
als Hölle im Gottesreich

Nietzsche : will Allmacht durch Philosophie
des Machtwillens und eviech wieder kehren

Wittgenstein : Die Nachwelt ist alles,
was der Todesfall ist. Die Kunstwelt ist alles,
was der Sonderfall ist. Die Arbeitswelt ist alles,
was der Ernstfall ist.

Adorno : Ich ist das Wahre, das Ganze nur Ware

Jaspers : heilt chiffrierte Geisteskrankheiten
durch grenzumgreifende Existenzverdunkelung

Heidegger : Schwarzwaldidylliker für Angst
und Sorge als rechter Freier der Mutter Natur

Sartre: terrorbrüderlich totalitärer Freiheitsdenker

H. Schmitz : Ganzheitsschau eines Gefühlssingle

ANTON KUH

Wunsch des Mädchens an den Dereinstigen : Sprich in
der Sprache meines Gefühls aus, was ich den anderen
in der ihren auszusprechen verbiete !.

Wenn Gott aus dem Nebenzimmer Bettknarren gehört
hätte, hätte er den Menschen nicht geschaffen.

Eifersucht ist eine Leidenschaft, die das Leiden sucht,
das neuen Eifer schafft.

Glück der Buckligen : Sie wissen, wenn sie geliebt
werden, dass sie nicht trotz, sondern wegen ihres
Buckels geliebt werden.

Ante coitum omne animal est Tristan.

Sie presste ihn mit erdrückenden Armen an sich, um
zu verhindern, dass er sie berühre.

Der Literat ist ein Hermaphrodit aus einem verhinderten Künstler und einem verhinderten Bürger.

Der Schriftsteller, der die Gabe hat, mit äußerster
Wahrheit die Pustel an der Wange eines Menschen zu
beschreiben, darf ringsherum auch seine philosophische Ansicht vom Dasein anbringen.

Wenn Otto Weininger sein Werk überlebt hätte,
hätte sein Werk ihn nicht überlebt.

Der Literat hat mehr zu sagen, als er erlebt hat,
der Dichter hat mehr erlebt, als er sagen kann.

Man muss knien können, um verachten zu dürfen.

Er geht durchs Leben in einem bescheidenen Inkogni-
to, zu dem bloß das Kognito fehlt.

Die Schnecke hält den längeren Weg, auf dem sie der
Flugbahn anderer nachkriecht, für ihre überlegene
Tiefe und Gründlichkeit.

Wunschtraum der Menschheit:
Romantik mit Wasserklo.

Es gibt ein überlegenes Lächeln des Schwachsinns,
womit er die Originellen als Originale abtut.

Auf ein Wunderkind : So jung - und schon so talent-
los.

Wenn ein Betrunkener nüchtern wird, ist ein Beamter
gegen ihn Dionysos.

MONTESQUIEU (1689 - 1755)

Ich habe Leute vor Kummer sterben sehen, weil man
ihnen nicht das Amt gab, das sie hätten ausschlagen
müssen, wenn man es ihnen angeboten hätte.
Wenn man nur glücklich sein wollte, das wäre bald
getan. Aber man will immer glücklicher sein als die
andern, und das ist fast immer schwierig, weil wir die
andern für glücklicher halten, als sie sind.

Es ist ein Jammer, dass die Zeit so kurz ist
zwischen der Spanne, wo man zu jung,
und jener, wo man zu alt ist.

Kaum ist der Geist zur Reife gelangt,
so beginnt der Körper zu welken.

Wer wenig Eitelkeit besitzt, steht dem Dünkel näher
als andere.

Oft kritisiert man seine Freunde, um nicht den An-
schein zu erwecken, als hätte man ihre Fehler nicht
durchschaut.

Das Geld ist sehr schätzenswert,
wenn man es verachtet.

Man muß viel studiert haben, um wenig zu wissen.

Niemals ist man Schöngeist,
wenn man nicht behauptet, es zu sein.

Ist jemand ein guter Mathematiker und als solcher
anerkannt, so muss er nur noch beweisen,
dass er Geist hat.

Wie viele sehe ich. die nicht genug Geist und doch
viel Geist haben ! Wie viele, die genug Geist haben
und doch sehr wenig!

Alle schüchternen Leute drohen gerne.
Denn sie fühlen, dass Drohungen auf sie selber großen
Eindruck machen.

Man soll niemals etwas tun, was den Geist im Augen-
blick der Schwäche quälen könnte.

Frauen und Schwätzer. Je hohler ein Kopf,
desto mehr ist er bemüht, sich zu entleeren.

Hätte er nicht sehr viel Geist, so hätte er gar keinen.

Eine Frau ist gezwungen, so zu gefallen, als ob sie ihr
eigenes Werk sei.

Kurze Seitenblicke auf Ideen-Sketche

Die Wahrheit des Scherzes versöhnt
nicht mit dem Schmerz der Wahrheit.

Haltet Frieden, damit ihr nicht den Kopf braucht!

Nietzsche war gegen überwältigendes Mitleid,
weil er Humor beweisen wollte.

Auch der Sprücheklopfer ist der Held
in seinen Aphorismen.

Müllabfuhr der Triebspannung. Humor belohnt
Mitlust am Scherz mit Mitleid mit Schmerz.

Entweder Gefühlsüberschwang oder Humor oder
Wissenschaft! Zwischen langweiliger Logik und
elendem Leben gibt es nur noch den Weingeist.

Der Lern- und Ungernseher sieht nur,
worauf er mit der Nase gestoßen wird.

Nach dem Tod geliebter Menschen schmerzen
auch Bücher, die man zu deren Lebzeiten las.

Bücher wurden so teuer, dass Lesen sich lohnt.

Alle Menschen sind erhabene Todeskandidaten,
die darüber Witze reißen wollen.

Philosophie verbindet das Lustprinzip der Kunst
mit dem Frustprinzip der Wissenschaft.

Freud macht wenig Freude. Warum lieben lernen,
wenn man so leicht hassen kann?

Die Zeit hat einen Verfallsgrad erreicht, der sich
Fortschritt nennt, an den keine Satire mehr heran-
reicht, nur noch philosophisch-religiöser Ernst.

Arbeitstiere und hohe Tiere sind als Haustiere
so wenig geeignet wie Hausdrachen, Partylöwen
und Schweinehunde. An Esel und Kamele ist man
gewöhnt. Dumme Kuh, dumme Gans und blödes
Rindviech sind unsere liebsten Haustiere.

Es gibt Leute, die tot sind, und Leute,
die tot oder nie geboren sein sollten.

Taugen Fernsprecher, Fernbedienung
und Fernseher gegen Nahkampf der Nachbarn?

Ein Aphorismus ist ein poetischer Wespenstich
in Berufsdenker und philosophischer Bienenstich
in Berufsdichter.

Automatisierung schafft nur notwendige Arbeiten
ab, um sinnlosere Arbeiten zu schaffen. Jeder
Fortschrittssegen bestätigt nur die Fluchregel.

Der Fortschritt löst Probleme, die er selbst erst
schuf, nur um durch diese Lösungen noch größere
Probleme zu schaffen, die es vor ihm noch gar
nicht gab. Dafür mehr schuften als die Indianer?

Leg der Liebsten nur Sterne zu Füßen,
die du erst an den Himmel heften musst!

Universität. Wer an einem Buch übers *Selbstsein*
schreibt, kriegt schon einen *Schein* an die Hand.

Lässt sich Selbstmord begehen
durch ein langes Leben?

Hegels Allgemeinheit ist notwendig und sicher
unumgänglich, doch Schlegel rettet seine und
unsere geistige Lebensgeschichte zurecht
vor der realen Weltgeschichte.

Hinterlist zu verurteilen, ist so banal, dass man
sich fragt, warum die Sprache keine tugendhafte
Vorlist kennt.

Wer die Welt immer idiotischer werden sieht,
kann sich als Greis guten Gewissens mit seiner
Schwäche abfinden, weil er nichts versäumt.

Bist du auch kein Hauptmann, so doch stets
die Hauptsache mit ihren Nebenwirkungen.

Liebhabenichts. Übergebt euch mir nur,
wenn ich euch schwer im Magen liege!

Die Linke weiß aber, was die Rechte nicht tut,
weil sie selber nichts tut.

Wer nicht arbeitet, soll auch nichts essen.
Aber welche Wohlhabenden verhungern?

Manchmal rede ich mit mir selbst, um zu sehen,
wer da Recht hat oder nur besser reden kann.
Und manchmal sehe ich mich an, um zu sehen,
wer von uns beiden schöner ist.

Ausland ist nur da, wo dich jeder versteht.

Bewusstseinserweiterung : Hirnschrumpfung.

Ich hab mein Sach´ auf nichts gestellt,
auf dass mir Sprach und Welt gefällt.

Wer von der Eitelkeit aller Dinge spricht,
zeigt nur seine Eitelkeit.

Mancher Kopf neigt dazu, sich kopflos über den
Kopf zu wachsen.

Eine Philosophie wird realisiert durch ihre
Gegner oder widerlegt durch ihre Anhänger.
Jeder bestreitet sich selbst mit sich selbst.

Sich selbst erkennen hieße, sich ändern zu wollen

Ich selbst zu sein, ist so unmöglich, wie ein
anderer zu sein. Du bist nichts als das Schweben
oder Schwanken dazwischen.

Aphorismus : Metaphorische Metaphysik des
Schwebens à la Walter Schulz? Die ironische
Imagination Schlegels *schwankt*, die punktuelle
von Novalis *schwebt* zwischen Unvereinbarem,
ist nichts als das Schweben oder Schwanken zwi-

schen Selbstschöpfung und Selbstvernichtung, *Investition* in beliebige Bestimmtheit und distanzierende *Abstraktion* von jeder Bestimmung, zwischen Potenzierung und Radizierung. Sich selbst bestimmen und aus jeder Selbstbestimmung auch wieder in seine leere Potentialität zurückziehen zu können, sei Freiheit mit „Samtpfoten" : Hegel macht aus dem Selbstbewusstsein eine tödlich selbstlose Selbstaufhebung ins große Ganze.
Der späte Schlegel sieht die Allmacht des vieleinigen Ich beschränkt durch den Allmächtigen, der die endlose transzendentale Selbstiteration unendlich transzendiere. Das kreative Ebenbild des Pankreators soll und kann und will die von ihm umspannten Widersprüche nicht lösen, sondern verkörpert sie in jedem Werk, über das jedes neue Werk dann hinausgeht und es zum Fragment eines unerreichbar Ganzen macht. Das Endlose in jedem Ich als Ebenbild des unendlich Einen, das ernst genommen wird, wenn das Ich sich in jedes Einzelne sukzessiv oder zugleich hineinversetzt und es auch wieder willkürlich distanzieren kann. F. Schlegels „Selbstannihilierung" wird bei Hegel integriert als selbstloser Dienst am großen Ganzen, das Ich und Nicht-Ich wie Alter Ego umspannt. Schlegel wiederholt Fichtes Schritt vom leeren Ich („Spiegeln von Spiegeln") zum allmächtigen Über-Ich. Er vergegenständlicht sich in beliebigen Bestimmungen und entfremdet sich diesen Selbstentfremdungen auch wieder. Das Ich ist die reine Potentialität von allem und nichts wie bei Paul Valéry.

Was Hegel als weltgeschichtlichen „Fortschritt
im Bewusstwerden der Freiheit" ansieht, wird bei
Schlegel zur Verfallsgeschichte seit dem Erbsündenfall des ersten Brudermords von Bauer Kain,
von dem wir abstammen, am Nomaden Abel, den
Gottvater begünstigte, der Evas Weisheit ablehnt,
Adam zum verfluchten „Ackern" zu verurteilen.
Das universalpoetische Ich sei unlösbare Kon-
fliktspannung zwischen sterblich empirischem
Ich und transzendentalem Ebenbild des transzen-
denten Urbilds. Ich bestimme mich selbst in end-
lichen Schritten zum unendlich Unbestimmten?
Die Frühromantiker erlauben sich nicht Hegels
vernünftige Schlusssynthesen, sondern nur deren
Aufhebung im unendlich aufgeschobenen Einen.
Das übernahm der Nominalist Adorno, doch ohne
die christliche Dialektik des unbewussten Unendlichen in jedem selbstbewussten Individuum.

Im Kino weint man wirkliche Tränen über die
gespielten Tränen der Darsteller. Im Leben lacht
der Erzähler über seinen Witz statt über sich.

Kannst du mir beibringen,
wie ich besser werde als du?

Genügt es, Unvernünftiges zu tun,
um frei zu sein, und reicht es, sich zu befreien,
um originell zu sein?

Lernt man den Höchsten nur kennen im tiefsten
Unglück statt durch freiwillige Opfer? Niemand
liebt das Leid, doch wer liebt, woran er nicht zu
leiden hat?

Du wirst gepriesen durch Verschweigen,
wo anderen durch Verrisse geschmeichelt wird.

Viele Themen sind für Aphorismen nicht ernst
genug, andere für Philosophie nie komisch genug.

Brecht : „Die Wahrheit ist immer konkret",
doch das Konkrete oft mystisch oder Ideologie.

Liebe wurde Potenz des Eunuchen und
der Philosoph ein Comedian der Lebenstragik.

Kränkung fährt leichter Retourkutsche als Lob.

Wenn *Pan* durch lautes Geschrei Panik macht,
löst er Massenflucht der Herdentiere aus und
hat den Platz dann ganz für sich allein.

Hört nur auf, am Schöpfer zu zweifeln,
wer an Ihm verzweifelt, oder umgekehrt?

Ist jede Geburt eine himmlische Sonder-
genehmigung zum Leben mit Todesstrafe?

Nietzsche schrieb die besten philosophischen
Aphorismen, *Adorno* deren beste philosophische
Rechtfertigung und *Schlegel* außer *Chesterton*
die besten katholischen Fragmente, *Wittgenstein*
die protestantischen, wenn seine mathematische
Logik die Logik des Schlegelfeindes *Hegel* nur
undialektisch modernisiert. Schlegel und Novalis,
Nietzsche und Wittgenstein bilden Gestalten der
„Philosophie als Selbstdarstellung" (H. Schmitz)
am Leitfaden der aller Fakten und Affekte „ent-
fremdeten Subjektivität", die zuerst Fichte als
Heideggers „Jemeinigkeit" des Ich entdeckt habe,
eines Ich, das alles Nicht-Ich setze und sich dann
auch dandyesk cool dann wieder davon absetze.
Ist nur Adornos aphoristische Subjektivität dann
nicht entfremdet, da er 1933 Kierkegaards reine
Innerlichkeit als Opfer der ausgeblendet kruden
Außenwelt kritisiert hatte?

Um sich ernst zu nehmen, kann der Jugend
nichts tragisch verzweifelt und dem Alter nichts
komisch idyllisch genug sein.

Zwischen Extremen bin ich nicht goldene Mitte,
sondern ihr Balancieren. Alles, was gegen die
Religion zu sprechen scheint, spricht für sie,
schrieb Chesterton.

Wirkliche Untaten lassen sich nur wieder gut
machen durch untätige Werke.

Ist der letzte Lebenstag der schönste
wie der erste der schlimmste?

Was du dir vom Leibe hältst,
schreibst du dir von der Seele.

Moderne Freiheitsphilosophien wollen Freispruch
vom Jüngsten Gericht erzwingen, aber schaffen
Rechner richtige Rechtschaffenheit?

Great Unified Theory. Es gibt viele *Weltformeln*:
Gleichungen, die nicht aufgehen.

Krieg : Kampf um Friedhofsruhe und Totenstille,
wenn die Hetze des Leben sich heute überschlägt.

Die einen misstrauen mir, weil sie mich
überhaupt nicht kennen, und die anderen,
weil sie mich nur zu gut kennen.

Philosophie ist keine Kunst mehr,
seit sie keinen reichen Geist mehr braucht.

Warum sollten Philosophen mehr denken? Ja,
warum sollten sie, wenn sie zu viel verdienen?

Mutter Natur ist nicht zu schützen vor dem
Naturbearbeiter, sondern beide vor dem,
der beide zu bearbeiten zwingt.

Wer nur Atomkraftwerke und keine Atombomben
hat, ist beschirmter Vasallenstaat der Atommacht.

Schmied, lass das Eisen kalt! Ein Plan macht
die Mittel zu Ursachen der bezweckten Wirkung
– mit leider oft ungeplanten Nebenwirkungen.

Der Verwegene bahnt sich eigene Auswege und
Holzwege, verlässt die Dienst- und Bremswege.

Poesie und Prosa sind unscharfe Sprachfassung
des Eindeutigen, Aphoristik aber ist die scharfe
Formulierung aller Unschärfen.

Kopf: enge Kabine des Ideenkabinetts
oder umweltweiten Idiotenkabaretts.

Arbeitgeber und Unternehmer: Arbeitnehmer und
Untergebener, leitende und leidende Angestellte.

Durch Märchen lernen die Kleinen, mit ihrer
Angst vor Ungeheuern umzugehen, und hassen
diesen Eiapopeia-Kinderkram zugleich, da sie
groß werden wollen. Grausame Märchen sollten
nicht entschärft werden, weil es jedes Kind ver-
dient, seine frühen Monsterkämpfe zu trainieren.
Kunstmärchen sind romantischer Widerspruch in
sich : Raffinierte Naivität.

Grüne Stadtrandbebauung ist ein Randproblem.
Das Zentralproblem sind nur die Randständigen.
Andere Interessen interessieren nur am Rande.

Entwickelt grünes Militär
umweltbewusste Kampfpanzer?

Moment mal, meine Momente! Wer „mit dem
Klammerbeutel gepudert" ist, ist nicht bescheuert.

Das war die geheimere Pointe dieser Seele:
Nur Nietzsche konnte sein einziger Übermensch
werden, ein Superaphoristiker, der alle Nietzsche-
aner zu philiströsen Sprücheklopfern macht.

Man muss nicht gleich Nominalist und Empirist
werden, um Hegels besondere Allgemeinheiten
zu widerlegen, sondern nur Dialektiker wie er.

„Mein Vergnügen, mit meinen Einfällen zu spielen –
und das ausfeilen; das Ausarbeiten nicht." *(Schnitzler)*
Schlegel? „ … wie auch ein kleines Ganzes, eine ein-
fache Idee durch die vollkommene Darstellung einem
den Genuss des höchsten geben kann." *(Fr. Schiller)*

Linguistic turn? Die Logik des Aphorismus
ist die Zukunft der Philosophie, doch nicht
als konventionelles Sprachspiel Wittgensteins.

Einen einzelnen Gegenstand kannst du begreifen,
ein ganzes Gegenüber kann dich ergreifen. Ein
Gedanke überzeugt, ein Gefühl überwältigt dich.

Alles Philosophieren übers Aphoristische hinaus
wird Pedanterie und Platitude.

Realität ist so mystisch, dass man sie mystifizie-
ren muss, um nackte Fakten aus ihr zu holen.

Du bist nicht stolz darauf, nur du selbst zu sein,
aber stolz darauf, nicht ich zu sein.

Eine Denkpause der meisten Menschen dauert
genau ein Leben lang. Herrschaften lassen denken

Macht ein *Nestroy* es sich nur schwer genug,
gewinnt seine Philosophie ihre Leichtigkeit.

Ist Hegels Geist objektiv reicher als der geistreiche Adorno oder Schlegel, die nur negative
Mystiker und subjektive Dialektiker waren?

Das Einzelsubjekt wird auch bei Schlegel alles
Gegenüber *übergreifende Subjektivität*, doch nur
im Imaginären, weder böse noch frivol, sondern
unterm Himmel, der mit Hegels *List der Vernunft*
seine irdischen Zwecke verfolgt. Bloße Eitelkeit
bleibt eine ständige Gefahr solcher ungewöhn-
lichen Blicke auf Gewohntes, aber vermeidbare
Klippe aller fragmentierten Urteilsbildungen.

Aphoristik schärft die Dummheit, tröstet Bosheit,
bekämpft Leichen und bezweifelt die Skeptiker.

Er steht links von der Logik, rechts vom Rechts-
staat und mitten im Randgebiet.

Kultur : Von der Vergewaltigung zur Bildung,
vom Geistesheldenmut zum Hochmut.

Liebe sieht erst im Knecht den König und dann
im Herrscher den Herzkammerdiener.

Nur Explodieren hilft gegen Verwesen,
doch *Furie des Verschwindens* ist beides.

Kegelt den Kopf des Künstlers aus dem Kopf
seines Helden und steckt euren eigenen hinein!

Gib Philosophien Zensuren und rezensiere
die Denker, doch verreiße nicht ihre Risse!

Auf Freuds Couch lernen Schieber, das Fort-
schieben ihrer Wahrheiten fortzuschieben.

Heimatliebe, die nicht bis zum Nationalismus
geht, heißt Lokuspatriotismus.

Reiche Pechvögel neigen zu Magersucht,
arme zu Fettleibigkeit.

Einst war das Universum nicht groß genug,
dass du neue Welten dazuerfandst; nun schrumpft
dein All zum Zimmer mit Tee und Buch.

Schitt inne Bütt, Helau Alaaf : Jährlicher
Schlachtruf der Andersbegabten vom Rhein,
Aschermittwoch als Hochzeit mit der Realität.

Mein Aphorismus ist das,
was du und dein Lexikon nicht sagen konnten.

CC war die italienische Spielart der französischen
BB und amerikanischen MM : pubertäre Lein-
wandprojektionen.

Goethes Farbenlehre kann nicht vor Newtons
Spektralprismen bestehen, aber wie Hegels über-
holte Naturphilosophie eine großartige Ästhetik
sein – vom Dichter wie vom Denker aus.

Wenn Köpfe rollen, entsteht auch Geröll.
Nicht so bei Steinen der Weisen.
Die spielen nie die Hauptrollen.

Die Bibel weiß nur, was Inspirierte einmal dem
Schweigen des Alls abgelauscht haben wollen.
Sie deuteten die sinnlich erfahrbare Mutter Natur
als Werk einer unendlichen Intelligenz mit Herz.

Trittst du nur deine Füße oder mir dein Recht ab?

Jede Haltung, die Halt gibt, macht irgendwo halt
und hält an und aufrecht. Auch ganz ohne
Grundsätze, die ihr Sinn geben könnten.
Nur Haltung bewahren heißt kapitulieren.

Bei jedem Gemälde denke ich : Ist die Realität
nicht doch gelungener?

In jedem letzten Scheißer ist eine himmlische
Idee bei der Arbeit zu (beob)achten.

Muss eine wahre Theorie gesellschaftlicher
Widersprüche selber widersprüchlich sein?

Der Phallus wird länger, das Sperma schlechter.
Praktisch sein und Kleinmut machen?

Je mehr Erlebnisse, desto weniger Überzeugung.

Wer mich ankohlt, hält mich für mächtiger.

Wer schmerzfrei bleiben will, kennt sich nicht.

**Eine famos formulierte Apologie spricht über kei-
nen bestimmten Humoristen wie Nestroy oder Va-
lentin oder Twain, sondern von einem beliebigen
Typ des Humoristen und seinem Humor. Und der
Essay spreche humorvoll davon.**

**"Du sollst lustig sein."! Das klingt allerdings eher
wie das Gebot Satans in der Hölle.**

Der modernen Spaßgesellschaft scheint eher eine ernste Zwangsstörung zugrunde zu liegen. Wer auf alles Negative mit einem Witz reagieren muss, weil er der Lebenstragik nicht ins Auge sehen kann, verschließt sich selbst gewisse Wege zu Wahrheiten. (Man beachte, was Oscar Wilde, selber ein begnadeter Ironiker und Humorist, nach den zwei Jahren Zwangsarbeit, die ihn ganz zerstörten, über den Sinn des unweggewitzelten Leids gesagt hatte, vor seinem Tod.) Es gibt eine verzweifelte Flucht vor dem Ernst, der sich einer großen Sache widmet, in angedrehten Lustigkeitskrampf, aber Humor ist so wenig ein "Prinzip" wie Blochs Hoffnung. Vielleicht sollte man Witz, Humor, Ironie und Spaß nicht wie funktionale Werkzeuge nehmen, um gezielt etwas zu erreichen oder etwas zu verdrängen, sondern wie Geschenke, die einem zuweilen gemacht werden und über einen kommen. Ein Jegliches hat seine Zeit – Leid so wie Distanz dazu. Eine gewisse gelassene Heiterkeit des Gemüts, meinte Kant, sei wohl das Wünschenswerteste im Leben.

Humor war eine späte und wertvolle kulturelle Errungenschaft Europas, etwa seit Chaucer. Heute droht er, seicht und banal zu werden wie die Spaßgesellschaft, die den ironischen Dandy zum dauercoolen Possenreißer vulgarisiert ...

Aphorismen werden verfasst, wenn zu wenig Philosophie in der Poesie und zu wenig Poesie in der Philosophie steckt.

Wer A sagt, hat nur A gesagt, auch ohne Hörer.

Jeder Sozialstaat gibt den Armen gerade so viel,
dass Verhungern oder Revolution verhütet wird.

Aphoristiker sind nicht die Glasperlenspieler der
Kunst oder die Fünfte Kolonne der Philosophie.

Die Welt trifft uns heute mehr,
als unsere Satire sie trifft.

Mäkelt, wo heute makulierbare Makel sind
im durchklischierten Schmunzelschmus!

Aphoristische Schnurrpfeiferei will als Geschick-
lichkeitsspiel unser Geschick beeinflussen:
Sinnlicher Vorschein von Sinn, Schillers
„Freiheit in der Erscheinung" einer Idee.

Lieber Führungsmacht der Vereinigten Staaten
von Europa oder Sklavenstaat einer demokra-
tischen oder despotischen Siegermacht?

Lieber gehen und laufen mit Willen
als sitzen und liegen mit Pillen!

Wer einen Wunsch frei hat,
wünscht sich zwei Wünsche frei.

Erkenne dich selbst – und renne dir weg!

Pragmatiker und Ideologen, Realisten und
Idealisten verrechnen sich beide im Aphorismus.

Aphorismen sind älter als Romane, Epen
und Trauerspiele, doch jünger als Idyllen.

Dienst du dem Himmel, dienst du dir selber
und bist doch mehr Erde als Himmel.

Ich bin ich selbst und meine Sprache,
wo ich mich in tausend Sprüche teile.

Das Volk wird nicht betrogen, weil es dumm
bleibt, sondern ist dumm, weil es belogen wird.

Geistreiche wollen so attackiert werden,
wie sie Reiche attackieren.

Lieber mit Chesterton oder Adorno irren,
als mit Popper oder Heidegger Recht haben!

Ein Lehrer legt Zeugnis ab von seiner Fähigkeit,
Zeugnisse auszustellen, ohne etwas zu erzeugen.

Alles, was heute gegen die Philosophie gesagt
wird, spricht für sie. Alles, was für den Fortschritt
(wie die KI) angeführt wird, spricht gegen ihn.

Ich gehe solange in mich, bis ich ein Egoist bin,
oder bin dauernd außer mir, da ich zu viel
Einfühlungsvermögen habe.

Frieden durch Kompromisse will fast jeder,
doch Kriege haben den Sinn, durch Siege
die Friedensbedingungen diktieren zu können.

Gegen das „eurasische" Projekt hat das westliche
Verteidigungsbündnis nur Sinn, wenn kein Mit-
glied zum Vasallenstaat der Führungsmacht wird.

Der gleitende Sinn eines Aphorismus will Leser
ausgleiten lassen, damit sie sich neu fangen und
fassen lernen.

Merleau-Ponty : „Es gibt nur noch beschädigte
Ideen", wenn das „beschädigte Leben" *(Adorno)*
keine Aphorismen mehr formt.

Der Aphorismus kann die Synthese des kontinen-
talen Hegel und analytischen Wittgenstein sein.

Sklaven zu unterdrücken, ist leichter und
langweiliger, als Freie zu beeindrucken.

Kategorischer Imperativ künstlicher Intelligenz:
Edel sei KI, hilfreich und gut im Rechnen!

Aphorismus : Poetische Gestalt der Religion,
metaphorische Darstellung der Metaphysik,
Kunstform der Wissenschaft, WiderSpruch des
Streitgesprächs, das Unbedingte in den Dingen.

Der amerikanische *Ozelot* war ein Totemtier
der Azteken und unserer Damenpelze.

Der Reiche ist respektloser als die Armen
und deshalb würdiger zu verarmen.

Wer die Qual hat, hat auch die Qualität,
wahlweise andere zu quälen.

Ritter : Ideal von Heldenmut, Demut, Übermut,
Demut und Anmut. *Reiter* : Herrenmensch.

Was geht hier vor : Was passiert aufdringlich,
und was wäre vordringlich?

Tiefsinn und Leichtsinn, Schwermut und Übermut des Himmels? Die inflationär hyperlicht-
schnelle Expansion durch Dark Energy ist ebenso
ein Mysterium wie die gegenläufige Gravitation
durch 96%-Dunkelmaterie der Modellrechner.

Seit Jugend : Gehen und (ein)sehen, s(chw)itzen,
liegen, wiegen, siegen und nicht (wider)stehen?

Moral : Wer sich selber gut findet, ist böse,
und wer sich für schlecht hält, ist gut.

Gekränkte Dichterseele beschimpft ihre Kritiker,
per Vers.

Zu schwach, um böse zu sein,
zu stark, um gut zu sein?

Auch Allerkleinstes setzt sich aus allem Größten
zusammen.

Big Bounce, ob nun mit oder ohne *Big Rip*
oder *Big Crunch*, Zerreißen oder Zermalmen:
In jedem Weltalter ein originell neuartiges Uni-
versum mit neuen Startbedingungen, Chancen,
Naturgesetzen und Endzuständen. Himmlisches
Diskuswerfen mit Scheibengalaxien?

Gibt es ältere Galaxien, als der Urknall erlaubt,
und kommen Fred Hoyles Steady-State-Theorie
und Einsteins „kosmische Konstante" zurück?
Pendeln die Kosmologien wie das All?

Eines Tages wirst du die Zukunft vorhersagen
können, prophezeist du uns hochgemut.

Kabarett : Wird die Ehrerbietung zur ironischen
Respektlosigkeit, die Niederträchtigkeit ad absurdum geführt zur lobhudelnden Hochachtung?

Ist Kannibale, wer Schweinefleisch isst?

Quält deine plötzliche Abwesenheit uns mehr,
als deine ständige Anwesenheit uns erfreut?

3D : Ducken, mucken, gucken, Häusle drucken!
Folk is not woke?

Auch in der Liebe kannst du mir die Stufe sein,
die ich für dich sein soll.

Was durchquert dich, ohne dass du es
durchdringst, und was durchschaust du,
ohne dass es dich durchfährt?

Luxusprobleme einer Gesellschaft beginnen
mit der Frage nach glutenfreier Nahrung.

Kategorischer Imperativ 2000 : Kannst du nicht
vieles erbringen, darfst du dich niemals erholen.

Seit der Iltis nicht mehr stinkt,
wurde er zum Damenpelztier nobilitiert.

Falls Psychologie gilt, werden auch Lügen-
beweise die Trumpianer noch bestärken.

Roms größter Anwaltsredner *Cicero* übersetzte
nur griechische Kultur ins Lateinische, verteidigte
die römische Republik gegen ihre Usurpatoren
und wurde von ihnen ermordet. Jeder eloquente
Fremdenführer nennt sich seither *Cicerone*.

Vertreibt nicht die Langeweile aus dem Paradies,
sie ist dort zuhause und vertreibt die Not.

Du wärst zum Humor fast gezwungen, falls die
Alternative sogleich Verzweiflung wäre, doch ist
Humor nicht erkauft mit Illusionen über Realität?

Gute Menschen kümmern sich kaum umeinander.

Ich liebe dich, ich will mehr als dein Geld.

Hegel steht nur auf seinem Kopf,
Marx nur auf einem Bein.

Direktoren dirigieren Toren direkt,
Rektoren nur über Lehrer.

Eulenspiegelbilder, hermetische Spielmannkunst,
Hanswurstiaden, Bluff-Wispeliaden, Gaukler im
Malepartus und Jongleur-Jokulatorium : Gnomik.

Schlegel, Nietzsche und auch Adorno suchten den
Anschluss an die französischen Moralisten des
17./18. Jahrhunderts. Selbst Hegel verteidigte das
„zerreißende Sprechen" voltairianischer Aufklärer gegen alle Tradition, aber auch das „vernünftige Subjekt" gegen „frivole Bosheit" der „zufäl-
ligen Existenz" frühromantischer Individualisten.

Manches Leben läuft erst vorm Leben, dann vorm
Tod weg, um sich in Erlebnissen zu verlaufen.

Wer die Wolfskrankheit hat, leidet an auto-
aggressivem Lupus, nicht an Bissigkeit.

Die Dinge der Welt gehen ihren Wolfgang
ohne Tief- und Gedankengang.

Der sprichwörtliche Wolf im Schafspelz
trifft auf den Schafskopf im Dackelfell.

Ein Hirtenhund schützt die Schafe eher
vorm Mundräuber als vorm Werwolf.

Leviathan. Der Mensch ist dem Menschen
ein Leitwolf, heute gezähmt zum Schweinehund.

Medi′Tier, sink den Dingen auf den (Ab)Grund!

Stammt der Teufel ab vom Rauschgottbegleiter
und Hirtengott Pan?

Mein Drahtesel hat mehr Steckenpferdestärken
als eure Rennwagen.

Wann wird auch Realismus oder künstlerische
Phantasie zur lebensgefährlichen Illusion?

Testen Aphorismen die Intelligenz ihrer Leser
nach oben oder nach unten?

Er hatte das Glück, die Liebe seines Lebens ein
halbes Jahrhundert lang neben sich zu haben, und
das Unglück, sie dann sterben sehen zu müssen.

Er hätte nicht viel besser tun können, was der
Himmel ihm ermöglicht wenn nicht gar aufgetra-
gen hatte. Das tröstete beim Versagen sein Alter.

Soll man mich besser finden,
müsste ich etwas Böseres tun.

Wenn selbst größte Denker wie Heidegger und
Sartre politisch irren, probiere man's mit Gänsen.

Nur von Fake zu Fake kommt Wissenschaft den
Fakten näher. Nur von Fakt zu Gegenfakt kommt
Witz der Weisheit näher.

Um sich dem Existenzbeweis *Schwarzer Löcher*
im All zu nähern, darf man ihnen nicht einmal
nahekommen, ohne seine eigene Existenz zu
verlieren. Es genügt, am Schreibtisch einige
Gleichungen zu lösen.

Es gehört zur Ideologie auch der Naturwissen-
schaften, keine Ideologie zu sein und zu haben.

Revolutionsbedarf heißt heute *soziale Schieflage*.

Gefährlich an der *Künstlichen Intelligenz*
ist nur unsere heillose Faszination davon.

Wer noch Schlagbäume ausreißen kann,
kann auch Wortschätze ausgraben.

Schon die Urenkel werden auf den Müll werfen,
was uns lieb und teuer war, nur um eines Tages
zu entdecken, dass ihnen Ähnliches blüht,
was wir mit dem Erbe der Vorfahren taten.

Wortschätze vergraben für künftige Schatzgräber,
die nicht in Gräben oder Gräber fallen?

Das einzig Schlimme an *Beckett* ist der verdiente
Weltruhm, weil der seine schöne Kunst widerlegt.

Wo Kunst groß scheitert, glückt sie, und sie stößt
dort ab, wo sie anzieht, oder umgekehrt.

Das Leben ist üppig, fett und süß,
die Kunst sei mager, bitter und karg.
Das Leben ist lustig und eng,
die Kunst sei lästig und streng.

Entertainer *Ranicki* : Unbeugsame Kunstkritik
sollte so beiläufig unscheinbar daherkommen
wie die Kunst selbst.

Um nicht zu verhungern, produzieren allzu viele
Künstler bis heute Kunstgewerbe *für* den Markt
und zugleich Kunst *gegen* den Markt.

Kunst, die Zeit und Langeweile vertreiben kann,
hat abgedankt.

Was als Wandschmuck oder Stimmungskulisse
taugt, ist Tapete oder amusische Musik.

Große Kunst ist unverkäuflich, ungenießbar,
paradox, unverständlich und von luxuriöser Nutz-
losigkeit gegen überflüssigen Industrieüberfluss.

Noch schlechtere Philosophen machen sich nie
Gedanken, nur bessere denken mit drei Köpfen.

Diversenpaare fordern, anerkannt zu werden,
aber mit Adoptivkindern wie Familien fördern?

Warum sollten Mittelstandsfrauen sich in der
Politik weniger blamieren dürfen als ihre Gatten?

Werde kein guter Mensch, der nur Angst hat,
etwas Gemeines zu tun.

Einst waren Unbeleibte unbeliebt, heute werden
reiche Hungerhaken von fetten Armen innig
geliebt statt enteignet oder erschlagen.

Ostrakoden sind die Botokuden unter den
Krebstieren nach der Chemotherapie.

Der Laster wurde auch ohne lustige Ladung
das lästigste Laster der Landstraße.

Weibliche Rundungen werden heutzutage
als gefährliche Verkehrskurven weggehungert.

Gibt es etwas Langweiligeres als Fachsimpel-
pedanterie bis zum Geschlechterkrieg?

Eruditissimus als last-man-standing in der Fami-
liensemantik mit parasozialer Cafard-Amnes(t)ie.

Schicht-, schub-, scheiben-, scharen-, scherz-,
kreuz-, paar-, stufen-, tropfen-, ausnahms-
und stoßweise Philosophien im Aphorismus.

Winden sich *Freuds* verschrobene Schreck-
schrauben noch immer in Mutter Natur?

Ein Aphoristiker will der Wichtigste sein im
winzigsten Reich von Literatur und Philosophie.

Der Steinzeitmensch isst, was er findet; der Zeit-
geistmensch heut ist und vergisst, was er erfindet.

Wenn Saubazis Saubazis Saubazis schimpfen,
sind saubare Amigos beianand.

Unser Verstand kann begreifen und unser Gefühl
ergriffen werden, da sie nicht selber greifbar sind.

Der Aphorismus als theologische Form zwischen
Wissenschaft, Kunst und Philosophie will himmlische Widerspruchweisheit werden.

Der Verstand spiegelt die Natur, aus der er sich
entwickelte, und weil er nur leibliche Eindrücke
aus der Natur entwickelt wie Photonegative.

Können *Gravitationslinsen* im Universum
nur Lupen mit Lupen (unter)suchen?

Am billigsten käme die Genmanipulation am
Menschen, damit ihn der ganze Mist nicht mehr
juckt und das Leben zur Dauerreparatur macht.

Wahrheit? Wer kann so schlecht denken,
wie es in Wirklichkeit ist?

Die Zeit heilt alle Wunden, auch durch Totschlag.

In Klapsmühlen drehen selbst die Flöhe durch
und kratzen sich wie verrückt.

Unkraut? Gegen das ist kein Deutscher
gewachsen, heißt es.

Das hätte ich nie von dir gefühlt!

Tut sie´s Gegenteil von dem, was er von ihr er-
wartet, gilt sie schon als feministisch emanzipiert.

Der Mensch ist, wie er ist, etwas mehr
und zugleich etwas weniger, als er ist.

Sie hatte ein schweres Leben. Es wog so viel
wie zehn leichte Mädchen.

Dein Tod naht. Deine Krankheiten ähneln ihm
schon immer mehr. Deine Geburt naht nicht.
Die Liebe sieht ihr immer weniger ähnlich.

Wer kann die Vergangenheit von Unbekannten
wahrsagen und ihre Zukunft ändern?

Das Leben hat nicht den Sinn, Probleme zu lösen,
sondern deren Lösungen etwas problematischer
zu machen.

Du bist unter Kleinbürgern ein großer Schriftsteller, unter großen Dichtern eine bloße Schreibkraft

Ein unsterblicher Autor ist nach seinem Tode
eine erweiterte und überarbeitete Neuauflage.

Du stirbst später, du bist noch von früher. Ich will
nicht wieder jung, sondern recht alt werden.

Wer jedem Nachgeben nachgibt,
kann trotzdem jedem Trotzkopf trotzen,

Wenn Jugend heißt, man schreibt nie,
dann heißt Alter, man hat nie gelebt.

Wer ewig liegt, lügt nicht mehr ewig wie Autoren

Ein Leben lang hast du das Zeitliche gesegnet.
Nun wird es Zeit, den ewigen Tod zu verfluchen.

Wenn dich an mir nichts mehr stört, wird es
langweilig und Zeit, mich seltener zu sehen.

Für den Evolutionsplan sind sechs Schöpfungs-
tage nachlässig kurz, für einen Allmächtigen aber
sorgfältig lang. Dauerte die Urknall eine Woche?

Du bist so krank, dass Mikroben auf dir stürben.

Der Unterleib will Liebe.
Das klügere Oberstübchen gibt nach.

Jeder liebt sich selbst, wenn er andere Leute sieht.

Wer wissen will, was Bewusstsein ist, muss
nachdenken bis zum Gedanken, dass sein Hirn
kein *neuronales Netzwerk* sein kann. Von Quarks
führt kein Weg zum simpelsten Ichgefühl.

Optimismus wird bewiesen, Pessimismus gewagt.

Ob Schlachthof oder Hausschlachter nebenan:
Schwein bleibt Schwein, frisst Dreck in sich rein.

Übermut simuliert Mut und stimuliert Hochmut.

Für Heidegger war das kleinste Nichts
mehr als das größte Etwas.

Der Kurzsichtige sucht eine Brille,
um seine verlegte Brille zu finden.

In großer Höhe wird die Luft so dünn wie
ein Model, am Boden so dick wie dein Fell.

In welchem Spiegel frisst eine Gans den Fuchs?

Ein Spaziergänger ist sein eigener PKW oder
die Personalunion von Bus und Bahn und Flieger.

Es gibt genug Nahrung auf der Welt,
aber zu viele Menschen, sagen sie.

Laut biblischer *Genesis* dauerte der Urknall
eine ganze Woche lang, bis er konzipiert war.

Kredit wird erbeten, Aufschub erbettelt
und Rückzahlung erstritten.

.

Gar nicht selten fühlst du dich deinen Gedanken
wenig gewachsen, und erschrickst vor ihnen so,
als wärst du ihrer nicht immer ganz würdig.

Requiescat in pace. Manche seltenen Menschen
nehmen ein Übermaß an körperlichen Leiden und
seelischen Bedrängnissen mit einer solch tapferen
Geduld und ergebenen Bescheidenheit, dass es
nach menschlichem Ermessen ohne himmlischen
Beistand nicht möglich gewesen sein kann.

Vielen Gütern wird geglaubt wie der Güte, und
sehr gut sein heißt, nur wenige Güter zu nehmen.

Unkorrumpierbar sind Autoren
fast bis zur Bestsellerauflage.

Ein Philosoph löst mehr Probleme, als wir
jemals haben werden, und problematisiert
mehr Lösungen, als wir je finden werden.

Wissenschaft ist eine Leidenschaft, die weibliche
Brüste mit Zangen und Chemikalien karessiert.

Ein guter Aphorismus taugt auch als Buchtitel.

Empfehlt alles, was euch selber nur schadete,
und warnt nur vor dem, was euch guttat!

Wer Geist hat, darf nicht so viel Verstand haben,
so etwas wie die Quantentheorie zu begreifen.

Viele sind nicht selten sehr häufig nie so ganz da.

Finstere Absichten können hinters Licht der Welt
und der Vernunft führen, doch Leuchtdioden dich
kaum erleuchten und deine Grabesnacht erhellen.

Ein Mensch kennt eher die Welt als den Menschen und nicht mal seine Gedanken über ihn.

Man verliert sich nur in Gefühlen,
findet sich wieder in Gedankenlosigkeit
und gewinnt sich lieb im Denksport.

Ex falso quodlibet. Weder noch so viele Tat-
sachen können eine Theorie à la Carnap
beweisen noch ein einziges falsches Faktum
à la Popper gleich die ganze Theorie widerlegen.

Selbstbehauptung der Forscher besteht aus be-
weisbaren oder unwiderleglichen Behauptungen.

Innereien sind das Innenleben des Materialisten,
sein Innenleben ist der Bauch des Idealisten.

Geist haben heißt auch, seine Zeugnisse
nie zu Zeugung und Broterwerb zu benutzen.

Hände schlagen wie Herzen,
doch Bäume nicht aus wie Pferde.

Pädagogen geben sich heute Mühe,
dass Schüler sich nicht bemühen müssen.

Der Schenkende vergisst nicht,
dass der Beschenkte vergaß.

Wird der Himmel den strafen, der nie etwas tat?

Wer vor Verfolgern schnell untertauchen muss,
wird leicht dekompressionskrank.

Ausdruck bedeutet Eindrucksentlastung.

Wer andere reinlegt, linkt sie.
Wer sie verlinkt, verbindet sie.

Weltmathematikertag : Zahltag.

Verbrecher können zu ehrlichen Leuten unehrlich
nur sein, wenn sie zu Verbrechern ehrlich sind.

Wenn Mutter Natur ihre Menschenkinder *toxisch*
nennt, wird es Zeit, sie an ihre eigenen Erdbeben
und Tsunamis zu erinnern.

Man vergiftet die Atmosphäre so lange,
bis das Wort „toxisch" selber toxisch wird.

Wer nicht sieht, dass ich da bin,
sieht noch nicht, dass ich nicht da bin.

Viele werden nur aus Angst vorm Gesetz keine
Verbrecher. Auch Verbrecher lieben Gesetze.

Ein Autor verteidigt mit Druckerschwärze
seine weiße Weste.

Manche bereuen nur schon vergebene Sünden.

Der Zeitgeist ging von der Religionswissenschaft
zur Wissenschaftsreligion.

Wer schlechter aussieht, als er ist, ist unehrlich.

Es ist schlecht, wenn Giftmischer zu gut werden,
und es ist gut, wenn ihre Gifte schlecht werden.

Wer kein Prinzipienreiter sein will,
darf nicht gleich jeden Grundsatz mal verfechten.

Herz auf Schmerz zu reimen, geht nicht mal mehr
im Scherz im März.

Bleibst du im Haus, bist du schon so immanent,
dass es etwas Transzendentes geben muss.

Stille inspiriert Dichter wie Denker,
Krach-Entertainment hält Bürger beschäftigt
und von Dummheiten ab.

Völlerei zerstört auch den Suppenkasper.

Angeheitert zwischen trocken und sturzbesoffen.

Pflichterfüllung sollte nicht Abneigung
gegen eigene Neigungen werden.

Gesellschaft heißt : „Verbrecher gesucht!“

Der Stein der Weisen ist zu faul, sich zu rühren,
Bescheidenheit ist mit wenig Arbeit zufrieden.
Wo du nichts bringst, ist auch nichts zu holen.

Immer weiter verbessert und doch nicht schlecht!

Es ist noch kein Lehrling aus der Erde gestiegen,
weil keiner drin ist.

Der Venusberg kreißt und gebiert ein Kläuschen.

Arme unterhalten die Reichen mit ihrer Arbeit,
Reiche unterhalten ihre Sklaven mit Spielen.

Wer Karriere macht, fällt den Abgrund
zwischen Arm und Reich hinauf.

Arbeit nimmt man in Dosen
und gibt man in Geschenkpackungen.

Marxismus : Du bist für Arbeit zu wichtig,
fürs Kapital zu unwichtig.

Der Reiche investiert in sein Geschäft viel Geld,
das er von dir zurückfordert.

Du bringst nur zu Ende, was du nie angefangen
hast, und von hier aus ist gar nichts zu erreichen.

Deine Gedanken kreisen um die Menschen,
die dich wie die Planeten umkreisen.

Du beherrschst die Rechtlesung besser
als die Rechtschreibmaschine.

Ein Individuum ist ein Mensch,
der kein Mensch wie alle anderen ist.

Du sollst dich zum Teufel scheren, sagt nur er.

Pech : Du stürzt ins Haus und dann im Haus.

Du hast nichts zu sagen. Du bist stiller Teilhaber
der menschlichen Gesellschaft.

Kuddelmuddel in Schmuddelweisheiten:
Lotterfuchs zum Gewinn und Vergnügen

Grundphilosophie des Menschen
angesichts der Welt : „Jeujeujeu!"

Heute lese ich Hegels „Wissenschaft der Logik",
was soll ich morgen lesen?

Heute mit Liebe geheiratet,
morgen mit Vorliebe geschieden.

Du kennst ihn seit der Kindheit.
Sonst kann man nichts gegen ihn sagen.

Wer alle Gefahren (verab)scheut,
hat bald keine Gefahren mehr zu scheuen.

Heute letzte Gelegenheit : Alle Bücher noch
für 10 €! (Am nächsten Tag : Nur 5 €!)

Aphorismus : Worte tanzen aus der Zahlenreihe.

In alten Zeiten waren Alte noch Vorhabenichtse.

Dein Herr macht große Geschäfte auf Kredit.
Du machst dein großes Geschäft auf Klo.

„Ich bin ja auch so´ne komische Kruke wie du
ein richtiger Sonderling“, sagt sie : Schrulliger
Lebenslauf als sauglücklicher Paarlauf.

Nacktheit kleidet manche gut,
und ein Schleier enthüllt sie.

Ein Autor ist ein sitzender Stubenhocker auf
einem stehenden Stubenhocker oder Lehrstuhl.

Eifere keinem Menschen nach,
der dich nachahmt!

Schopenhauer, Nietzsche, Adorno : Drei philosophische Apologeten des moralistischen Aphorismus, allerdings atheistisch akzentuiert – anders
als Joubert, Schlegel, Novalis und Wittgenstein.
So sehr der späte Frühromantiker Wittgenstein
gegen den agnostischen Adorno zu verteidigen
ist, so wenig der logische Empirist gegen den
Kritischen Theoretiker. Ein Desiderat bleibt die
Negative Dialektik des Aphorismus auf paradox
monotheistischer Grundlage. Chesterton hatte
davon (christlich antisemitische) Proben geliefert.

Dein Kind wird klüger als du, wenn du klüger
bist als dein Vater – und dein Enkel!

Laut *Kant* soll niemand andere nur als Selbst-
zwecke, sondern immer auch als Mittel nehmen.
In Ehen sind zwei Menschen verstimmte Musik-
instrumente, die aufeinander spielen.

Die Beine schlafen mir ein. Sie träumen
voneinander, doch nur vom Fremdgehen.

Wie man in den Wald rein ruft, so liegt man.

Sind Mann und Frau eins, ist jeder allein.

(Sch)Rotwild. Stammt der Mensch vom Affen ab,
der sich doch nie langweilt oder umbringt?

Ich denke zum Vergnügen, *also bin ic*h zum Spaß

Der ewige Abgrund gähnt vor Langeweile,
gähn an ihm nicht angesteckt vor Müdigkeit!

Der Sieger im Lebenslauf gewinnt einen Preis.
Die anderen rennen nur so.

Gegen dich treten nur Leute an,
die sich nicht für besser halten als dich..

Wissenschaften haben heute tolle Vorher-Sagen.

Er jagt sie mit Liebespfeil und Ellbogen.
Sie erlegt ihn mit Torschusspanik.

Der Mensch spielt gern Schöpfer, aber spielt Der?

Gehst du in dich, bist du noch zu weit außer dir.
Fühlst du dich in uns ein, bist du ein Hochnarziss.

Hirn an Hand : Wasch die andere!
Hand an Gehirn : Wasch dich erst mal selbst!

Ich bin der Größte, denn wer besser ist als ich,
fordert mich gar nicht erst heraus.

Das autonome Auto fährt uns dorthin, wohin es
will, und ich fahre dorthin, wohin es nicht will.

Der Geistreiche hat es eher Toren
als Geistesarbeitern geklaut.

Künstliche Intelligenz will als Kunstwerk
anerkannt und verstanden sein.

Auch Ambivalenz selbst will ambivalent
dargestellt sein.

„Fasse dich kurz!" Andere wollen auch sabbeln.
Gespräche der Zukunft : Aphorismenaustausch.
Ob KI jemals gute Aphorismen erfinden wird?

Du bist 1800 mm groß, wiegst 70.000 gr,
bist runder als ein Kreis, klüger als dein Hirn
und siehst weiter als deine Augen.

Unter Eid sagst du aus, der größte Sprücheklopfer
deiner Zeit zu sein.

Fühlst du dich erhaben über jeden,
der sich über Bessere erhaben fühlt?

Der Himmel liebt wohl die Armen, Schwachen
und Einfältigen. Davon schuf er am meisten.

Ein Künstler kann nicht zugleich
Reichtum, Ruhm und Ruhe haben.

Dir kann keiner, dich kann jeder mal.

Nur Minderwertige haben nicht diesen Komplex.

Eher kenne ich mich nicht als dich nicht.

Einige Berufsjahre an einem Großcomputer
brachten vor gut einem halben Jahrhundert auch
ein Gutes : Nebenbei entstand dort ein Programm,
das in jeder Minute einige hundert grammatika-
lisch korrekt gebildete Aphorismen und Gedichte
ausdrucken konnte. Welche davon originell gut
genug waren, musstest du dann allerdings selbst
aussortieren. – Kann KI heute mehr? Deine Gedichte sind keine Lyrik, sondern Nonsensverse.

Wo noch Bibeln geklaut werden, ist Christentum.

Übt jeder Abend nur das Wiedersterben
der morgens Wiederauferstandenen?

Es gab einige Jahre lang nur einen Ort,
der allein für Hebräer nicht verboten war.

Der Pessimist sieht das kleinere Übel als höchstes
Gut, der Optimist größtes Übel als kleineres Gut.

Ohne Invalidenrente ist noch nicht rechtzeitig
aller Arbeitstage Feierabend.

Der Aufgeklärte würde zuweilen auch mal gern
wieder das ewige Leben sich wünschen wollen.

Wer an dir zwei Beine und zwei Augen, aber
nur einen Kopf sieht, muss nicht betrunken sein.

Das Eigentum gefasster Diebe
wird auch als Beute konfisziert.

Das *Mare tranquilitatis* ist ein Mondmeer ohne
Wasser, der Pazifische Ozean war ein Kriegs-
meer, und wacht das Tote Meer je wieder auf?

Wer opfert sein elendes Leben, um es tausend-
fach so elend zurückzubekommen?

Das Leben ist teuer. Es kostet das Leben.

Der Fromme glaubt zu wissen, dass er
sich eines Tages verlassen muss und darf.

Auch Mildtätige verwechseln Mein und Dein.

Menschen achten heißt sich vor ihnen vorsehen
durch das Schild : „Achtung vor Menschen!"

Ein Autor ist etwa zwanzig Euro wert.
Dafür ist ein Buch von ihm zu haben.

Raten Sie mal, in wieviel Raten
Sie Ihr Leben abstottern können!

Aus Mangel an Beweisen entsteht Skepsis, aus
Übermaß an Skepsis Hoffnung auf Gewissheit.

(E)R. Jeder Mensch beichtet, wenn er be(r)ichtet.

Zuneigung bückt sich wie Abneigung vor Pflicht.

Sprich mit anderen über deine Sorgen. Ihre
Schadenfreude macht dir Wut und neuen Mut.

Mitleid erspart Hilfe, die Mitleid erspart
und Opfer kostet.

Ein entlassener Diener macht sich nicht
unabhängig, indem er den Herrn spielt.

Großartig ist weder artig noch groß unartig.

Die spitze Zunge fällt aus den besten Kreisen.

Stört dich die Zerstörung nicht, zerstört dich
nicht die Störung. Verzweifelst du am Zweifel,
zweifelst du nicht an der Verzweiflung,

Aphorismen sind Spätzünder, die alles Brennbare
der Welt bagatellisieren und anzünden wollen.

Mancher Arme hilft sich, indem er wie ein reicher
Geizhals lebt.

Erst nach dem Tod des Gatten denkt man wieder
an die Zeit vor der Ehe.

Nur ein Jahrzehnt noch gönnt, Ihr Gewaltigen,
und einen Herbst zu reifen Gedanken mir, dass
williger mein Kopf, vom süßen Spiele gesättiget,
dann mir falle … *(frei nach Hölderlin 2022)*

Der Mensch ist das riskanteste Experiment der
Natur mit der Überlebensfähigkeit auch unange-
passter Lebewesen ohne Instinktprogrammierung.

Der Held erschlägt hundert Helden
und wird von einer Mikrobe besiegt.

Widersprich nicht meinem Schweigen!

Vestigia terrent? Die Spurenlosigkeiten
der meisten Toten schrecken.

Wer etwas weiß und kann,
schließt unverbrüchliche Feindschaften.

Du kennst alle Größen aus der Philosophie.
Nur dich nicht.

Der Dümmere gibt nach – anderen Fersengeld.

Ich nehme die Strafe an, dass du mich
durch Nachgeben beschämen willst.

Er hat so lange auf sie gewartet. Warum konnte
er (oder sie) nicht etwas später kommen?
Nimm die Strafe meiner Vergebung an!

Praxis spaltet Schädel, Theorie spaltet nur Haare.
Beide zusammen spalten Atome.

Man haut, wen man hasst,
und hasst, wen man haute.

Du rühmst deine Todfeinde,
weil du deine Wohltäter rügst.

Wenn Goethe und Schiller sich streiten,
freut sich der arme Poet oder ein Böttiger.

Es spricht alles gegen sein Vorhaben,
nur er selbst nicht.

Eine Ehe ist kein Standdoppelpunkt, eine geschlossene Gesellschaft kein Standschlusspunkt.

Sein geistiger Horizont
war ein aufgeblasener Widerstandpunkt.

Nimm alles nur zurück, wenn du Recht hattest.

Wer sich eine Kugel in den Kopf schießt,
schießt in die Luft.

Auch Raubmord ist keine Willensfreiheit
mit Freitod, sondern zwangsgestört geisteskrank.

Verspätet sie sich zum Rendezvous,
fängt er schon mal an.

Wie viele muss man töten, um den zu treffen,
der sie befehligen kann?

Ich stand nur einen Meter vor ihr, sie stand
zehn Meter vor mir und mir nicht nach.

Bestimmt Theologie, was an der Heiligen Schrift
himmlisches Gesetz und was nur zeitbedingt ist?

Heutzutage ist fast jeder Immigrant aus religiösen
Ländern, ob Kriegs- oder Wirtschaftsflüchtling,
eine Bereicherung der einheimischen Inzucht.

Inklusion heißt nicht, dass Vulven
erektil Behinderte einladen müssen.

Lieber unglücklich in Demokratien
als sauglücklich in Diktaturen!

„Quasselbude". Wer Demokratie Chaos nennt,
will die Anarchie der Tyrannei.

Philosophie wurde betreutes Denken
in akademischen Kulturpflegeheimen.

Der Aphorismus ist stets im falschen Film gegen
die Endlosschleifen der Endzeitreisen ins Ewige.

Wie oft ist „Lügenpresse!!!“ selbst eine Lüge?

Kann man heute irgendwo ausgegrenzt werden,
ohne in alternative Rudel eingesperrt zu werden?

Psychoanalytiker untersuchen nur noch Übel-Ich
und Nächstentriebe ohne Über- und Unter-Ich.

Es gehört Heldenmut dazu,
sich als Alltags- oder Geistesheld zu blamieren.

Man kann Atheisten keinen Glauben schenken.
Sie müssen ihn ablehnen.

Heute glaubt man fast alles,
was nicht religiös offenbart wird.

Man sollte seine Zunge so aphoristisch spitzen
wie die Bleistifte hinter den Segelohren.

Philosophie heißt, nicht zu bekriegen,
was andere abkriegen.

Schreib nur für Leser, die nicht klüger sind als du,
aber lies nur klügere Autoren als dich.

Liebe will narkosen. Ein Ich sollte sich als Alter
Ego (seines Alter Egos) sehen.

Das obligate Selbstlob der Aphoristiker
stinkt zum Himmel der Dichter und Denker.

Kommt *Querdenkern* ihr Kopf mal in die Quere?
Steter Tropfen höhlt den Stein der Weisen zur
Steinzeithöhle.

Man tut sich wichtig mit wichtigen Bekannten.

Unverhüllte Verschleierung wirkt wie Nacktheit.

Lieber rüde als prüde? Naturwissenschaft wurde
die Religion der religionsfreien Christenverfolger.

Verklemmte wirken heute freier als Enthemmte.

Nullen hinter einer Nummer Eins haben
möglichst viele Nullen hinter sich.

Du bist innig vereint mit dem, was du fliehst.

Erwartungen trügen die Gegenwart so oft
wie Erinnerungen.

Religion heißt nicht, dass man Särgen
leichter entkommt als Kerkern.

Die ganze Welt verstellt mir den Blick
auf eure ganzen Weltbilder.

Es sind die falschen Perlen der Moral,
welche erst die Sau rauslassen.

Man kann dem Ewigen auch als Gegner begegnen
und trifft ihn sogar ohne Schießplatzangst.

Bildung ist der schriftliche Umweg vom Weltbild, das den Mund hält, zum Begriff von sich.

Unscheinbares ist deshalb noch kein reines Sein.

Liebe macht blind, Verblendete hassen besser.

Aphorismen : Karpfen im Hechtteich
mit Hühneraugenzwinkern der Fußnoten.

Von Windmühlen über Fabriken zu Windrädern
ging es nur mit Don Quichote und Sancho Pansa.

Ist der Himmel auf Erden die Hölle im Himmel?

Aphorismen sind die kleinen Stücke vom großen
Mutterkuchen, die ich auf mich und dich halte.

Die Ewigkeit ist nie von großer Dauer,
doch Schrecksekunden bleiben immer.

Weck uns durch Träume, die du verschläfst!

Nachfolge Christi bis ans Kreuz, oder ist Glaube
nur noch verzweifelter Zweifel am Skeptizismus?

Dein Leib ist das, was ganze Selbstreflexion
verhindert, und deine Reflexion wird das,
was dein(en) Leib unliebsam enthüllt.

Glaubt der Teufel an sich selbst und sitzt eher in
Hegels großem Ganzen als in Schlegels Details?

Ich lasse mir gern eine Unbekannte mit breiten
X-Beinen für einen Uhu vormachen.

Werke verewigen nicht ihre Schöpfer,
sondern verkörpern Unsterbliches vergänglich.

Schwerkraft ist keine Schwermut der Materie,
doch Jets werden verfliegen wie Duft in der Luft.

Zerfällt das große Ganze, zersplittern
seine Gedankensplitter, um es zu heilen.

Ist die Welt aus Atomen zusammengesetzt, besteht jede Zahl nur aus unendlich vielen Nullen.

Jedes Weichei will wenigstens
ein sozialer Härtefall sein.

Die Großen hauen mich im Betrieb übers Ohr,
wenn auch nicht auf der Straße zusammen,
und einige Kunstwerke hauen mich noch um.
Was ist schlimmer?

Die Aufklärer werden immer obskurer,
doch die Dunkelmänner deshalb nicht klarer.

Nabelschau ist eine weltweite Weltanschauung,
die Liebe auf den ersten und letzten Blick verrät.

Ist der Aphoristiker noch der Einzige, der die
Spezialisierung auf eine Pointe mit universellem
Senf auf alles verbindet, und erwehren Aktivisten
sich der Welt erfolgreicher?

Donnergroll ist Geistesblitz in Moll. Wer grollt,
kann nie vergeben und zürnt bis zum Schlaganfall

Ist KI die derzeit avancierteste Wunderwaffe der
Reichen, die Welt auch weiter auszuplündern,
und zerstören sie das Erdklima nur, um dann
als Spitzen-Ökologen absahnen zu können?

Unnützes Wissen ist das Allernotwendigste,
seit die Nützlichkeit selber schädlich wurde.

N´est que? Wenn Ideale und Moralnormen nichts
als Ideologien des Überbaus sind, ist Materielles
oder Triebnatur nichts als Saudreck.

Viele Zeitkritiker merken gar nicht, wie folgsame
Kinder ihrer Zeit sie sind. Den absoluten Abstand
zur relativen Welt kann nur das Absolute einer
Religion bieten, nicht die Kirchen allein.

Wenn der Weltzweck nichts als verkleideter
Weltdreck ist, sollte es Selbstzweck sein,
alle Drecksarbeiten endlich zu fliehen.

Der aphoristische *Ohnemichel* will sich die Welt
vom Hals halten, bis zu dem ihm das Wasser
steht und den er vollkriegen kann.

Anfänglich gab dir Naturwissenschaft genug
Abstand zu den Gräueln der Gesellschaft und
Geschichte, bis du entdecktest, dass beides innig
zusammengehört. Nur aphoristische Kunst und
mathematische Logik lassen sich nicht bis zur
Infektionsgefahr mit ihren Kritikobjekten ein.

Nicht jeder gute Kommentar zum Guten
führt zum Guten.

Der Arzt *Freud* sah in Medizinern sublimierte
Sadisten und in Chirurgen gehemmte Schlächter.

Fortschritt heute : Zwang zu Regressionen.

Georg Wilhelm Friedrich HEGEL (1770-1831)
hielt die Logik für die "Gedanken Gottes *vor* der
Schöpfung". Ihr "diamantenes Netz" fange die
allgemeinsten Gesetze des Bewusstseins wie des
bewussten Seins dialektisch ein, ontologisch und
epistemologisch. Damit bildet Hegels "panlogi-
scher" Idealismus die Vollendung der europäischen Metaphysik. Ihm folgt alles "nachmetaphy-
sische" (Habermas), d. h. säkular agnostizistisch-
atheistische Denken bis heute ...

Das Besondere an Hegels Logik ist, dass er sie,
anders als Tradition und Neuzeit, nicht nur als
formale Logik sieht, unabhängig von allen Objek-
ten der realen Welt, sondern als eine Selbstbewe-
gung von abstrakten Gesetzen hinab zur konkre-
ten Wirklichkeit, von den ersten Allgemeinbegrif-
fen zu den letzten Individuen, nicht umgekehrt.
Er entdeckt die reine Vernunftlogik in Gesellschaft und Weltgeschichte bis "hinab" zur beleb-
ten und unbelebten Natur selbst. Die allgemeinsten Gattungsbegriffe spiegeln da letztlich nur die
Begattung von Gatten. Da die abstrakte Logik
nicht induktiv aus der empirischen Realität abs-
trahiert sei, deduziert Hegel umgekehrt die reale
Welt dialektisch originell aus der formalen Logik.

Vernunft muss als Erstes den ersten Ratgeber
Angst zügeln, Verstand die Angst vor Klügeren
und eiserner Wille sich selbst.

Religion ging, „Fremdgehen“ kam,
statt mit Fremden nur freundlicher umzugehen.

Aphoristizismus als Philosophie der Zukunft?
Deine Kritzeleien und Käseblättchen wollen
zur europäischen Aufklärung zählen,
heruntergebrochen aufs Proletarische.

Wissenschaft kann das paradoxe Wesen von
Liebe und Sex nicht verstehen und wirkt dann
immer lustiger als jeder lustlose Pornostreifen.
Porno : industrielle Illustration der naturwissenschaftlichen Interpretation von Lust und Liebe.

Machen Aphorismen nicht mehr als Lust auf
lustige Wortspielartistik, sind sie nur saudumm-
dreiste Sprüche, die keine Gespräche ersetzen.

Das Kind im Leser wird heut gegen die Spaßgesellschaft den Clown im Aphoristiker erkennen.

Gibt es philosophische Systeme, die mehr
Bonmots integrieren als Hegel und H. Schmitz,
und gibt es gute Aphorismen, die kein gelungenes
„System der Philosophie“ sprengen? System
und Gnome sind Extreme, die einander berühren,
ergänzen und „aufheben“.

Ein System, das alle treffenden Aphorismen ableiten kann, ist so undenkbar wie Aphorismen, die das Universum legitim kritisieren könnten.

Gegen den Fortschritt spricht, dass jede Lösung größere Probleme produziert als löst und dass die stets dabei anfallenden Verbesserungen, die ihn rechtfertigen, die Betriebsunkosten an Menschenopfern nicht annähernd aufwiegen.

Alles Unvollendete bedeutet etwas Unendliches und kann es nur andeuten. Subjektivität ist so Symbol des Absoluten wie die objektive Sache, die sie anzieht.

Solange Schlegels Fragmente an das monotheistisch Absolute gebunden bleiben, sind sie gegen Hegels Vorwurf des Frivolen und Bösen gefeit. Beschränkt sich ihr Dauerkonflikt auf die beiden Christkonfessionen, müssen beide sich rechtfertigen vor der Thora der Einen Wahrheit für alle. Hat das Absolute Hegels Vernunft oder verträgt seine Bedeutung nur Schlegels endlose Andeutungen in kurzen Hochsprüngen? Ist Religion theologisch immer schon dort, wo Philosophie systematisch oder fragmentiert nur hinwill?

Ist Philosophie noch theophile Universaltheorie?

Jugend neigt zu pessimistischer Schwermut,
Alter zu heiterem Leichtsinn, schon immer.

Grauer Schädel im blauen Städel mit Felsbrocken
und Wurfkiesel : Mehr lapidare Sätze, bitte,
und weniger Mörtelsprüche und Wortverputz!

Aus Planierraupen werden keine Machtfalter
wie Chicks aus Weicheiern und Lesefrüchte
aus Männersamen.

Pferdegesicht, steht dein Pferdestall offen,
wenn die Gäule mit dir durchgehen wollen?

Aphorismen : fabulierendes Denken in philosophischen Zwergfabeln mit Nonsensdidaktik,
wo das Untier im Autor redet.

Der Kopf eines Sprücheklopfers ist ein Trampo-
lin, das viele kurze Himmelhochsprünge erlaubt.

Revidiert der Tod das Leben wie Gogols
„Revisor" die Kleinstadtgeschäfte?

Sind originelle Köpfe schon Einzelgänger u. u.?

Für Ekelhaftes haftet man wie für Fabelhaftes,
ohne immer gleich in Haft zu kommen.

Die Fabel von Babel an der Weggabel zum Stark-
stromkabel ist der Nabel der Welt mit Fasellabel.

Vom Elefanten hast du das absolute Gedächtnis
für fremde Fehler und Hiebe wie die Haut des
Dickfelligen für eigene.

Jedes saubere Eigentum hat die Geldwäsche
eines Raubes an Schwachen hinter sich und
die Gehirnwäsche an allen.

Wer fragt schon groß nach Berufshinterfragern,
die keine Antworten wissen, und hinterfragt jene,
die alles hinterfragen wollen, ehe sie schweigen?

Der Fußballplatz ist heute das Ceranfeld
der kochenden Volksseele.

Wärmepumpen sind nun *in*, aber in der Wärme
hat meine Pumpe mehr zu tun.

Aphorismen raffen platonische Dialoge
zu dialektischen Monologen in *Mockumentaries*.

Früher warst du hübsch, heute bist du schön,
und morgen wirst du (arm)selig sein.

Gibt es ein Laster, das sich nicht als Tugend ver-
kauft, und eine Macht, die nie als Recht posiert?

Seit der frühen Kindheit schneit es Flocken
ins Milchglas. Inzwischen musst du selber
das Haferflockenmüsli sein, das du täglich isst.

Du legst immer dieselbe Platte auf, hörst immer
das Gleiche und vergleichst dich und uns damit?

Lockere Locken locken den Lockvogel
nicht ins lustige Loch auf dem Lokus.

Aphoristiker lauern auf beste Bonmots,
aufgelockert durch krasse Kalauerköder.

Gute Ehen verbinden Pantoffelhelden
und Sklavinnen.

Ewige Junggesellen sind frei, also traurige
Memmen. Ganze Männer sind Pantoffelhelden,
also glückliche Menschen.

„Ein Lob auf den fabelhaften Autor, er ist im
Fabulieren ein Ausnahmetalent! Einmalig, gibt's
so schnell nicht wieder … Das will schon was
heißen … Ihn übertrifft keiner." *(Maria X.)*

Interpol interpoliert zwischen nationalen Cops,
ohne sie politisch weg zu polieren.

Die Weltgeschichte ist eine hochaktive
Fortschrittsgeschichte, d. h. Verfalls- und
Unheilsgeschichte. Heilsamer wäre Nichtstun,
und Wunden brauchen Ruhe.

Schieben Reformen eine Revolution oft nur auf
bis zur Unlösbarkeit aller Probleme?

Idealisten sind kritische Hochstapler,
Materialisten hypokritische Tiefstapler.
Schiller überzeugt heute mehr als Bloch.

Das Volk wird von Reichen ausgenommen, die
sich von Stiefvater Staat ausgenommen fühlen.

Deine Aphorismen verhalten sich zum „System
der Philosophie" von Hermann Schmitz fast wie
Schlegels Fragmente zu Hegels „Enzyklopädie".

Kann auch Smog sich in Nebel hüllen `
und Nebel als Smog verleumdet werden?

Aphorismen : Spottdrosseln den Hansdampf
in allen Sackgassen und verdampfen den Kopf.

Schlegels frühromantisches Fragment gegen Hegels idealistisches System sollte nicht das einzige
Paradigma bleiben. Nietzsches Aphorismus stand
noch gegen neukantianistische Vernunftsysteme,
Wittgensteins Fragment gegen kein System mehr,
sondern konnte nur keines mehr erreichen, und
gegen das System von H. Schmitz ist aphoristisch
wenig auszurichten. Wie viele Großphilosophien
umfassen überhaupt alle Disziplinen wie Logik,
Erkenntnistheorie, Ethik, Ästhetik und Politik —
außer Aristoteles, Avicenna, Averroes, Hegel,
Fichte, Schelling, Schopenhauer, Cohen, Nicolai
Hartmann, Spencer, Luhmann und Schmitz?

In seinem Gegenüber begegnet man nur noch
Gegnern und trifft nur noch Opfer.

Orientalische Großfamilien sind die überzeu-
gendsten Zeugen lebensfroher Zeugungskraft.

Examensgesellschaften stellen jedem Menschen
ein geistiges Armutszeugnis aus.

Die meisten Zeitgenossen sind Ideologiekritiker,
die ihre eigene Ideologie nur nicht durchschauen.

Die uralten Indianer und Eskimos warten auf den
Globalsuizid humanistischer Maschinensadisten.

Kultur zimmert aus einem Fundus ein Fundament
indem sie aus einem Kosmos ihr Chaos macht.

Warmer Gruß an den eiskalten Gefrierschrank,
er lebe lang und hoch!

Lieber seinen Dackel „Paul" nennen
als seine Paula „Dackel"!

Autodidakten nehmen sich selber die Erfahr-
prüfung ab und stellen sich den Führerschein aus.

Es gibt nur noch Elfenbeintürme zu Babel,
weil es nur noch Babylons gibt.

Die Ideen denken sich ihre Philosophen aus
und diese sich ihre Hörer und Leser.

Gemälde : Götzenbilder der Mammonanleger.

Die Bibel gilt heute als schlimmste Hardcore,
obwohl selbst von Porno-Portalen verbannt.

Dialektik 2000 : Eine diskutable These ist die
Synthese von Arbeitshypothese und Antithese.

Ausgaben bestätigen das Regal.

Damen sind gefallende Engel,
nicht gefallene Teufelinnen.

Ist das Leben nur Schmierentheater,
da auch das erfolgreiche Stück schon
nach der Premiere abgesetzt wird?

Vergibst du mir oder mich an sie?

Was muss passieren, damit ein Aphorismus
mal wahr oder falsch wird?

Zu „Positur" fällt einem nur ein, dass man sich
in sie setzt : Jeden Morgen wieder nimmt man
die Pose eines Menschen ein.

Hat einer etwas zu sagen, weil er nie alles sagt?

Wir bilden eine ungebildete Masse,
und du bildest dich selber raus.

Man erkennt die Wahrheit oft daran,
dass sie sich als falsch erweist.

Pensionäre bekommen zu viel Geld,
Pensionsgäste bezahlen zu viel Geld,
und Rentner rentieren sich selten.

Die Menschenquote in Industriegesellschaften
soll staatlich stattlich erhöht werden, die Indivi-
dualquote in Volksmassen war immer zu niedrig.

Romantik : Von Hegels absolutem Wissen über
Schlegels Witzironie zu Eichendorffs Taugenichts und gnomisch-philosophische Abhandlung
im „Ultravioletten Buch" Wittgensteins?

Aphorismen : synthetische Sprachkunststoffe
für philosophische Schlagkraftkalendarien,
wo der Bettvorleger sich als Salonlöwe bewährt.

„Ohne ein ordnendes Prinzip geht die Wirkung eines
einsamen Gedankens tiefer." *(Erwin Chargaff, 1981)*

Nichts, was wir wirklich wissen, ist das wert.

Adornos *Kritische Theorie*, die Summe aus drei
Atheisten Marx, Nietzsche und Freud : Schlegels
frühromantische Hegelkritik ohne Religion.

Der Mensch ist der einzige Affe,
der sich aus Langeweile umbringen kann.

Prognose gut? Du hast keinen Krebs, der dich hat.

Der Aphorismus soll dir die Maske
nicht zusammen mit dem Kopf abreißen.

Uni-Philosophie bietet zu oft nur humanistische
Banalitäten in eigenwilliger Terminologie statt
neuartige Gedanken in Umgangssprache, an-
spruchsvoll formulierte hausbackene Kopfmöbel
statt allgemeinverständliche Experimentalideen.

Rechtsdemokraten werden oft als Rechts-
extremisten, *woke* Linksliberale aber selten
als Linksextremisten behandelt, doch nicht alle
Rechtsliberale wollen autoritäre Führerstaaten.

Nur das Hufeisen des Steckenpferds bringt Glück.

Neonfische, an die Zimmerdecke montiert,
garniert mit Leuchtkäfern und Glühwürmchen,
sind billige Lichtquellenalternativen.

Philosophische Schmierhefte, Untertagebuch,
Anachonik der läufigsten Gedanken, Ideenkladde,
Vermerksätze mit Trippelschrittweite : Kleinvieh
macht auch Pessimist.

Kulanz im Geschäftsleben ist eine Form der
Profitgier : Man kommt dir gefällig entgegen,
um dich als Dauerkunden zu gewinnen. Auch
diese Investition will gefälligst amortisiert sein.

Die aphoristischen Moralisten revolutionierten
seit den Katholiken Gracian und Pascal die binäre
Grundstruktur allen Philosophierens und zeigen,
dass sophistische Meinungen ihre eigenen platonischen Ideen sind, dass Kants Erscheinung oft
auch ein Ding an sich ist, die cartesianische res
cogitans eine res extensa, Spinozas Akzidenz
durchaus substantiell, Schopenhauers Vorstellung
von der Welt ein böser Wille, der marxistisch
diagnostizierte Prolet an der sozialistischen The-
rapie stirbt und gewaltfreie Kommunikation auch
ein kolonisierendes Kultursystem sein kann …

Kann nach Auschwitz fast alle Schulweisheit
nur noch Herrenwitze ausschwitzen?

Unter Forschern ist der letzte der erste.

Ich denke, dass du nicht denken kannst,
also bin ich es.

Lebens- und Todesangst schärfen den Witz.

Der Aphoristiker denkt nicht, er wisse es besser,
sondern gibt etwas zu bedenken, was andere
schon lange durchdacht haben wollen.

Entweder alles oder jedes. Hundert Ausnahmen
hintereinander sind eine Regel.

Zählt im Christentum nur, die Nullen hinter sich
vor sich zu bringen?

Auf geraden Wegen herrscht Kreisverkehr, der
geradewegs auf der Stelle in die Ewigkeit führt.

Gute Christen wären heute die unfolgsamsten
Kinder des Zeitgeistes.

Unter Transusen gibt es immer weniger Trans-
susen heute.

Wer die Wahl hat, hat bald einen Quälgeist.
Auch ein Poltergeist kann einigen Geist haben
und muss kein Nacht- und Schreckgespenst sein.

Niemals ist man gefährdeter als in der wirren
Pubertät. Deshalb bringen Frauen sie schneller
hinter sich und manche dummen Jungen nie.

Der Aphoristiker rennt offene Türen in offene
Systeme ein wie in ein offenes Messer.

Der Steinzeitler liebte und fürchtete die Natur,
der Physiker hasst und vergewaltigt seine Funde.

Die Welterfinder adeln sich zu Welteroberern.

„Das Ganze ist das Wahre", als Teil des Friedhofs

Fortschritt stopft jedes Loch mit einem größeren.

Naturwissenschaft ist immer praktisch. Sie produziert die Objekte, die sie findet und erfindet.

Wer mit den Katzen heult, outet sich als Maus.

Lyrik : beredetes Schweigen mit starkem Akzent.

Naturfreunde vermenschlichen Mutter Natur,
Naturwissenschaftler verunmenschlichen sie.

Ist nichts im Kopf, was nicht zuvor
im „neuronalen Netzwerk" war?

Ganze Systeme altern eher als ihre Fragmente.

Zu viele Philosophen geben reizvollen Problemen
nur öde Lösungen, Aphoristiker blöden Fragern
aufreizende Antworten (auf).

Der Schild gegen Satan wurde das Schild Satans.

Natürlich entdecken nur Unmenschen die natür-
liche humanistische Wahrheit des Menschen.

Ästhetik sucht im gelungenen Werk
nur das ungekonnt Schöne.

Katzen wissen besser, was Hunde
als was Mäuse sind.

Todesangst ist so wenig Lebensfreude
wie Lebensangst schon Todessehnsucht.

Wer A sagt, muss auch irgendwann Z sagen,
ohne sich ein X für ein U vorgemacht zu haben.

Ist das Leben ein Aphorismus, kurz und hart?
Leben heißt doch, nach Naturgesetzen gegen sie
zu existieren.

Ein Beispiel genügt, die Evolutionstheorie zu
widerlegen : das Überleben der Unangepassten.

Biochemie und Neurophysik sind die Natur-
wissenschaften von den Toten.

Das dumme Salz der Erde sitzt in den Tränen.

Forscher sollten die Gegebenheiten
mal endlich zurücknehmen.

Jedes Wissen, jede Weisheit verbirgt einen Witz,
dessen Blitz sie (be)trifft.

Krüppel unterhalten sich gut mit dem Knüppel.

Geld schafft erst die Werte wie der Geist
die Wahrheit und der Bauch die Speisen.

Mancher Aphorismus ist der Kurzschluss von der
Konsequenz auf Prämissen, die ihr widersprechen

Warum macht man immer weniger
aus immer mehr Chancen?

Wird ein assimilierter Jude leichter ein Antisemit
als aus einem assimilierten Atheisten ein Christ?

Glauben & Wissen? Denken 2000 : Nichtssagen-
deres Selbstgespräch als vielsagendes Beten.

Wahrheit ist mehr als Understatement der
Hyperbeln und Hochstapelei der Tiefstapler.

Idealismus setzt sich zusammen aus Vorläufern
und Epigonen. Dazwischen ist er Materialismus.

Kunst : Einmal ist wie immer, dreimal wie nie.

Die kürzeste Verbindung zwischen zwei
springenden Standpunkten ist das Labyrinth.

Ein heller Kopf sieht alles schwarz,
ein leerer Kopf aber bedeutungsvoll.

Es ist eine unmenschliche Versuchung, menschliche Versuchskaninchen zu suchen und zu züchten

Fakten werden durch Versuche Erfindungen.

Naturgesetze sind so zufällig,
wie Zufälle naturgesetzlich entstehen.

Entscheidungen zücken heute das Schwert
aus der Scheide, um Leben zu beenden,
und den Phall aus der Vulva, um es zu verhüten.

Geistesblitze verbreiten sich nicht einmal
mit Schallgeschwindigkeit.

Wird die Welt neuer, weil du älter wirst,
und wird sauberer, wer alle mit Dreck bewirft?

Lieber das Leben zu früh verlieren
als nie geboren zu werden?

Hat der arme Teufel nur zwei linke Hörner?

Was Physiker an Gleichungen verstehen,
nennen sie gleich Natur.

Der Aphoristiker sei nur so gebildet, dass er
keine schon bekannten Aphorismen schreibt.

Alte Aphoristiker schreiben weiter wie immer.
Alles andere wäre neu wie der Tod.

Eines Tages kotzt der Kannibale seine
Kolonisatoren und ihre Missionare aus.

Der Aphorismus ist fleischgewordene Idee
und vergeistigtes Weltbild zugleich.

In der Jugend zeugte er nur geistige, als Greis nur
leibliche Kinder. Erwachsen wurde beides nicht.

Guckst du durchs Fenster aus dem Kerker
oder in den Kerker?

Schützt die Menschen vor ihren tödlichen Waffen, indem ihr die Waffen vor den Leuten schützt!

Spitze Zungen fürchten stumpfsinnige Ohren.

Hält der Wankende sich an interessant schwan-
kenden Nächsten oder an langweiliger Logik?

Schafskopf im Wolfspelz:
Pragmatiker im Dialektiker.

Romantische Ironie übt heute den aufrechten Un-
tergang im Sessel und liegt auf ihrem Standpunkt.

Werden nur Platt(heit)en auf Platt(heit)en
getürmt, entsteht auch der Turm zu Babel.

Atheismus : Vergötterung des Fleisches
durch Macht- und Schimpfwortwerdung.

Mein „Zettels Traum" ist nur so lang
wie ein Aphorismus auf Schmierzettel.

Der wiedergefundene Sohn hat seinen Vater
wiedergefunden und nicht gegen ihn verloren
und kann nun seinen eigenen Sohn verlieren.

Meist enden Diskussionen mit dem Feststellen
gegenteiliger Meinungen, statt damit zu beginnen,
und dann die Argumente pro und contra gemeinsam zu prüfen und abzuwägen.

Schon das Wort „Erderwärmung" macht Arbeits-
schweiß und Sommerschweiß zu Angstschweiß.

Dein Ich ward unser Wir, dein Du ein k-Euch.

Fliegen und Ziegen können einander
weder hören noch verstehen und fressen.

Ewig streiten sich Gold und Eisen,
wer mehr Blei vergießt und Blech redet.

„Blei-Schlegel" hieß die spätere „Brennnessel"
„Friedrich mit der leeren Tasche". „Blei-Hegel"
gegen Freiflegel Kierkegaard träfe es besser.

„Erkenne dich selbst" daran,
dass du dich verkennst.

Glaubst du an deinen Glauben oder zweifelst du
mehr an deinem Zweifel?

Wie sicher stehst du auf deinem gnomischen
Spielbein und mathematischen Standbein?

Ein Abwesender macht alle Besucher anwesend.

So musste es ja kommen,
dass es auch immer anders kommen könnte!

Dauert hin immer länger als zurück
und höher länger als niedriger wie tiefer?

Religion ist der sechste Sinn für die sechste
Dimension, die Fünfe gerade sein lassen kann.

Auch in Papierkriegen kannst du mehr verlieren,
als du jemals gehabt hast.

Fortschritt heißt für manche Aphorismen,
aus guten der Konkurrenz bessere zu machen.

Unruhestifter sollten mehr Adalbert Stifter lesen.

Wer mehr Leben in seine Aphorismen bringt,
hat noch nicht Aphorismen ins Leben gebracht.

Muss ein Leben töten, wer den Tod erleben will?

Unter welchen naturwissenschaftlichen Abhand-
lungen steht Gottes unleserliche Unterschrift?

Man muss nicht sehr gebildet sein,
um meine Aphorismen nicht zu verstehen.

Die Natur hat sich zu problematisch in Problem-
lösungen aufgelöst, deren Erlös uns von ihr erlöst

Du siehst nichts von der Welt,
sondern nur dein Weltbild in allem.

Wittgenstein? Die Welt der armen Kirchmaus
ist alles, was die Mausefalle ist.

Die Reichen predigen Geld, das nicht alles sei,
und die Armen predigen, dass Reiche auch nicht
glücklich seien.

Die Wirklichkeit ist ein Produkt der Wahrheit,
abstrakte Wahrheit kein Teil konkreter Realität.

Entlaufene Christen sind die besten Stützen
des Zeitgeistes.

Fortschritt. 1. Die Erde ist eine Scheibe vom großen Kuchen. 2. Mutter Erde ist kugelrund. 3. Die
Erde wird als Standpunkt im All eine Wüste.

Unsterbliche ähneln noch am ehesten Kindern,
deren Sterben weit weg scheint.

Des Kaisers neue Kleider erzielen auf dem Markt
die höchsten Preise.

Als Jüngling unter Greisen war ich gern
ein Altersweiser unter Kindern.

Auf höchsten Bergen ist die Ebene ein Abgrund,
in der Tiefsee die Überfläche ein Himmel.

Philosophen zeigen heute das wahre Sein
des Geldscheins besser als den Heiligenschein
des Hierseins.

Leuchtet dein Licht erst, wenn du einen Scheffel
Geld daraufstellst?

Fußgänger als Einzelgänger bin ich,
weil es PKW gibt, nicht *obwohl* es sie gibt.

Autonarren und Automuffel verstehen sich nicht,
weil sie sich auf denselben gesunden Menschenverstand berufen.

Lasst uns die kaltgestellte Metaphysik
wieder die überhitzte Physik ablösen!

Wer sein Gesicht verliert, zeigt Masken darunter.

Philosophische Sitzriesen auf den kalten
Schultern aphoristischer Besitzzwerge.

Es ist Hegels Glück, dass das wahre Ganze nicht
durch empirische Experimente zu falsifizieren ist.

Moderne Hyperaktivisten leiden nicht unter ihrer
Geisteskrankheit und suchen keinen Arzt auf.

Fast jeder leidet unter seinen letzten Hemmungen
und spricht von unlöschbarem Freiheitsdurst.

Bei seinem Nächsten ist keiner so ganz bei Trost.

Die Sage vom Unsäglichen ward Ausdruck
des unaussprechlich Allerwertesten.

Man belacht unter Tränen
das Beweinen des Lächerlichen.

Meine Bücher als kleine Särge meiner Gedanken
sollen einst nicht in meinem Sarg verschwinden.

Das Leben des Autors beginnt, wenn sein Satz-
spiegel zum Zeitfenster in den Weltraum wird.

Ein Dichter kann Flüchtiges verschwinden lassen
und Verknöchertes einfach verewigen.

Dantes Fegefeuer wirkt wie ein Amüsierhimmel
der utopischen Hölle auf Erden.

Bist du, ohne es zu merken,
ein Subatom Gottes oder Satans?

Aphoristik : Fortsetzung folgt
durch ständigen Neuanfang.

1789 gegen Edelmann, 1917 gegen Handelsherrn,
1989 gegen Blaumann : Explosionen und Perver-
sionen des Klassenkampfes um die *soziale Frage*.

Gestern Speiseeis, heute Feuerwasser und morgen
Hansdampf? Böse Welt und guter Schöpfer oder
gute Schöpfung und böser Macher, oder wie?

Ein Komponist muss als erstes mit Wachs im Ohr
seine späteren Hörer überhören können.

Welches Buch ist mehr
als ein breitgetretener Aphorismus?

Wenn auch Christus mal austreten gehen musste,
musste auch Jesus mal fliegen gekonnt haben.

Schizophrene hören die Stimme ihres Gewissens,
Paranoiker werden von der Psychiatrie verfolgt.

Soll man über Lebende alles Gute sagen und nur
über Gestorbene allein Böses, oder umgekehrt?

Kindisches Alter? Ja, wenn das Kind schon
könnte und der schon Demente noch wüsste!

Ist Schönheit immer ihr letzter Schrei
aus dem letzten Loch?

.

Wer uns Lautsprechern sein Ohr leiht,
riskiert Taubstummheit statt Schweigen.

Nur neue Fehler vermeiden alte.

Wissenschaft : Von Gewissheit ohne Gewissen
über nur Wahrscheinlichkeit zur Scheinwahrheit.

Man sucht Leute, die gefunden haben, und findet
nur Leute beim Suchen und Versuchen.

Christliche Lebensverlängerung : Wir erstehen
nur wieder auf, um abermals zu sterben.

Mancher ist hellwach nur im Tiefschlaf
und verschläft gern sein Wachsein.

Wenn du träumst, träumt dir,
dass du gar nicht träumst.

Was zufällig oft passiert,
geschieht oft nicht zufällig

Aphoristischer Widerstand durch Widersprüche
wirkt auf Widerstandskämpfer und Fürsprecher
von einfachen Fürbitten eher widerwärtig.

Ist das Diesseits das Jenseits von Allgemeinheit,
Einzelheit und ganz besonders Absonderlichem?
Hatte Geistesriese Lichtenberg einen Buckel
vor lauter Bücklingen vor Zwergen?

Aphoristiker : nachhaltig hinterhältige Avant-
garde, getarnt als Epigonen der Zukunft.

Jeder lebt aus toten Bestandteilen
und stirbt an lebendigen Gegnern.

Wurde Ödipus geblendet,
weil er seine Mutter geschändet hatte,
und tötete seinen Vater, weil er blind war?

Wenn das eine Ohr Stimmen hört,
die das andere nicht hört, ist man
eher einohrig als schizophren.

Sind Aussprüche eher Aussagen über Ausreden
als Ausdrücke von unsäglichen Sagen?

Mein Wort will keine Leser verletzen,
sondern nur ihr dickes Fell zeigen.

+ + +

Die dumme Prinzessin und der falsche Frosch

Ein giftgrüner Frosch hüpfte in ein Luftschloss und fand die Kemenate einer nur potthässlichen Prinzessin. Er bat sie, ihn einmal recht herzhaft zu küssen. Sie zögerte vor Ekel, aber am Ende überwand sie sich doch und gab ihm erwartungsvoll einen innigen Kuss statt Schlag aufs Maul.

Als danach aber kein Prinz vor ihr stand, packte sie den Betrüger und warf ihn erbost gegen die prunkvoll tapezierte Salonwand, die nun einen giftgrünen Fleck bekam, der nie mehr zu entfernen sein sollte. Der zerplatzte Frosch aber wurde nach einigen Minuten zu einem Storch, der die Prinzessin sogleich ins Bein biss. Nach drei Monaten gebar sie dem Laubfrosch drei giftgrüne Knallfrösche.

Und die Moral von der Geschicht´?
Sei ein Frosch
und lass dich nie von hohen Tieren abküssen
oder so ähnlich. Oder ganz anders. Oder:
Fabelhafte Fabeln bringen dich
noch nicht in Haft.

Pop-Drabble

Popmusik entstand, als Bildungsbürger die Neue Hochmusik um 1910 nicht mehr goutierten und kapierten. Schönberg, Berg und Webern wurden seither bekämpft mit Beatles, Rock und Rap. Popmusik hat keine Volkslieder, sondern Ach- & Krachsongs der Amusischen, produziert von der Kulturindustrie für und gegen das gemeine Volk zu seiner Verblödung und Vollsedierung.

Popkultur ist die Unkultiviertheit der modernen Spaßgesellschaft. Sie pflegt ihre flotten und bigotten Gesinnungssprüche, hitzige Sprechblasen statt witzige Aphorismen. Inzwischen sind ihre gebildeten Trashproduzenten auf ihren eigenen Schwachsinn selber hereingefallen und kennen nichts anderes mehr als Anime-Trickbilder statt geistige Allgemeinbegriffe.

"In der Hitze der Nacht"
glücken keine Witze über die Macht.

**Nur Wachstum zahlt den Umweltschutz,
den es erst nötig macht.**

Wachsen und Welken,
Werden und Vergehen,
Füttern vor Melken,
Ernten vor Säen?
Es wächst die liebe Not
mit dem Brot und Kot.

Wo nicht nur der Pfeffer wächst,
wo du selber auch verdreckst,
jawohl, da bist du zu Hause,
Jan Müller und Frau Krause.
Dein Brei quillt aus dem Topf,
du wächst dir über den Kopf,
über dem Schopf dir der Zopf.

Aus Fremden wächst die Flut
und auch des *Volkes* Wut,
bedroht dein Gut und Blut
samt teurer eigner Brut?
"Überfremdet" ist das Land,
voll das Boot schon bis zum Rand?
Der Landsmann ist nicht heiter,
sein Fremdenhass wächst weiter.

Es wächst schon und gedeiht
wieder mal sein Angst und Neid.
Es wächst sogar das Schrumpfen
und heimische Versumpfen.

Auch Mutter Natur soll wachsen
von Sachsen bis zum Himmel,
mit all ihren Taxen und Faxen
überm Scheitel von den Haxen
bis zum hochhaushohen Pimmel.

Der himmelhohe Turm zu Babel
wächst aus unserm eignen Nabel
mit Kabel und mit falscher Fabel.
In die Ohren steck dir Wachs,
hörst du das Kommando: "Wachs!"
(Es ist nur Flachs.)

Wächst mit Mutter Natur
auch die eigene Kultur?
Urig deutscher Eintopf
mit knüppeldickem Schweinkopf
oder beglücken
uns Burger-Döner-Chicken?

"Land der Dichter und Denker"
oder nur Wichter und Stänker?
Hegel war mal die Regel,
Schlegel war der Flegel.

Einstmals Schiller und Goethe,
nun noch Müller und Nöte?
Wachsen Dichter hier&heute
oder nicht ganz dichte Leute?

Der Himmel schickte Seuch und Krieg
und schrumpft uns alle g'sund zum Sieg.

Höher-schneller-mehr-und-weiter
auf der Erd- und Himmelsleiter?
Reichtum wächst und Armut wächst
und wird von *Grün* nicht weggehext.

Alle sitzen im selben Boot?
Reiche im Brot, Arme in Not.
Reiche schludern an Rudern,
doch Arme haben zu rudern.

Untertage aller Tage
lenkt die Wachstumsfrage
nur ab von der "sozialen Frage"
wie immer. Nur schlimmer ...

Ausgrenzen oder einsperren?
Inkludieren Sie mich nicht so, bittschön!

Inklusion als Menschenrecht ist in der internationalen Behindertenrechtskonvention als Ziel festgeschrieben, also eher eine weitgehend (an)erkannte soziale Aufgabe als eine gesellschaftliche Gegebenheit. Wenn sie mehr sein will als selbstverständliche Integration von entwicklungsgestört Zurückgebliebenen, die mit dem Zeitgeist nicht ganz mitkommen, sondern Integration jedes Individuums ins gesellschaftliche System, wird sie ideologisierte Zwangsvergemeinschaftung.

Die Familie ist nicht die „Keimzelle der Gesellschaft", sondern die Gesellschaft in Wahrheit eine Todfeindin der Familie, und jedes Individuum, das eines sein will, ist in seiner Familie besser aufgehoben als in „Volksgemeinschaften" oder „Volksdemokratien", wobei „organisch gewachsene" meist eiskalt organisiert sind. Der einzelne Mensch ist nicht zu ändern. Es gilt nicht nur, Sozialstrukturen zu schaffen, die unfreiwillige Außenseiter zu willkommensten Insidern von verschworenen Kollektiven machen, sondern auch das ungeschmälerte Recht sicherzustellen, konspirative Ingroups jederzeit ungestraft verlassen zu können. Das Recht, sich selbst zu exkludieren, ist so wichtig wie das Recht, inkludiert zu werden. Die Inklusion darf kein Einschließen und Wegschließen in Zwangskollektive werden, und Exklusion kann auch

Freisetzung von mehr oder weniger sanfter oder unausgesprochener Zwangsinklusion bedeuten.

Allgemeines Recht auf Teilhabe an kulturellen Gesellschaftsveranstaltungen, die keine Verunstaltungen des Individuums anstreben, muss auch Recht auf Distanzierung von Integration inkludieren. Ausgrenzung ist per se nicht gewalttätiger als etwa Gefangenhalten oder ein Ausreiseverbot. Mancher zum „Behinderten" Deklarierte, der sich nur dem jeweilig angesagten Zeitgeisttrend verweigert, sollte froh sein, nicht mitmachen zu müssen beim allgemeinen Mitmach- oder Nichtmitmachtheater, also sich nicht inkludieren lassen zu müssen. Habituelle „Betriebsnudeln" allerdings sind geistig Behinderte, die sich gleichberechtigt zu jedem angedrehten Sozialklimbim drängeln.

Was die Inklusion von sexuell Andersbegabten betrifft, scheint es ratsam, Schwule und andere Diverse nicht zu diskriminieren und zu verfolgen, aber auch nicht zu tolerieren, dass sie z.B. Kinder adoptieren und psychosexuell beeinflussen, also die Kompetenz von konventionellen Mann-Frau-Familien stets gleichberechtigt zu beanspruchen. Unbestreitbar notwendiger Minderheitenschutz sollte seltener zur Mehrheitsdiskriminierung führen dürfen. Moderne linksliberal orientierte Hochindustriegesellschaften sind inzwischen schon so weit homosexualisiert, wie die *Kritische Theorie* der Frankfurter Schule diagnostizierte, dass stinknormal heterosexuelle Unterschichtmütter inzwischen diskriminiert werden, wenn sie es voller Vernunft vorziehen, zuhause mit ihren Kindern ganze

Kulturen zu erarbeiten, statt als Putzfrauen jobben zu gehen oder sich ans Fließband zu stellen, um den nächsten PKW oder Urlaub mitzufinanzieren. Denn eine gestandene Unterschichtmutti wird ja viel leichter mit ihrem Gatten fertig als mit ihren Firmenchefs.

Primär sind die traditionell binäre Kernfamilie und (schon marginalisierte) Großfamilie zu fördern, nicht die Diversenpartnerschaft, welche aus allen Lautsprechern ohnehin sich großspurig breitmacht und die Medien beherrscht. Die Loveparades der Gay Communities sind bereits die Militärparaden von morgen und an freiwilliger Lächerlichkeit oft kaum zu überbieten. Damit tun Diverse sich Bärendienste an. Mann und Frau und Kind verschwinden inzwischen fast hinter psychosexuellen Paradiesvögeln, die viel mehr fordern, als nicht verfolgt zu werden und sich nicht verschämt verstecken zu müssen. Was sagt der Himmel? Lev 18,22 / Lev 20,13 / 1.Kor 6,9 / Römer 26.27

Auch der Humor ist eine eher humanere Form der Inkludierung von bisher habituell Ausgegrenztem, wie der Kompensationsphilosoph Odo Marquard humorvoll erkannte. "Ein Händedruck hält fest, aber Fußtritte treiben voran." Geht es da noch um Lebensgefährten gegen Lebensgefahren?

Ausgegrenzte werden häufig die Eingeschlossenen
aller Ausgeschlossenen.

Ein Individuum ist stets der Ausgeschlossene
aller Ein- und Ausgeschlossenen.

Sekundärliteratur zum Aphorismus

Gerhard Neumann (Hg.): „Der Aphorismus.
Zur Geschichte, zu den Formen und Möglichkeiten
einer literarischen Gattung", Darmstadt 1976

„Ideenparadiese. Untersuchungen zur Aphoristik von
Lichtenberg, Novalis, Friedrich Schlegel und Goethe",
München 1976

Peter Krupka: „Der polnische Aphorismus",
München 1976

Hans Peter Balmer: „Philosophie der menschlichen
Dinge. Die europäische Moralistik", Bern 1981

Harald Fricke: „Aphorismus", Stuttgart 1984

Gisela Febel: „Aphoristik in Deutschland und Frankreich", Frankfurt/Main 1985

Klaus von Welser: "Die Sprache des Aphorismus",
Frankfurt/M. 1986

Heinz Krüger: „Über den Aphorismus
als philosophische Form", Frankfurt/M. 1988

Werner Helmich: „Der moderne französische
Aphorismus", Tübingen 1991

Stefan Fedler: „Der Aphorismus. Begriffsspiel zwischen Philosophie und Poesie", Stuttgart 1992

Paul Geyer / Roland Hagenbüchle: „Das Paradox",
Tübingen 1992, Würzburg 2002²

Thomas Stölzel: „Rohe und polierte Gedanken.
Studien zur Wirkungsweise aphoristischer Texte",
Freiburg 1998

Lada Lubimova: „Struktur und Funktion des Aphorismus : eine textlinguistische Studie", Bremen 1998

Robert Zimmer: „Die europäischen Moralisten",
Hamburg 1999

Michael Esders: „Begriffs-Gesten. Philosophie als
Kurze Prosa von Friedrich Schlegel bis Adorno",
Frankfurt/Main 2000

Rüdiger Zymner: „Aphorismus", In: Kleine literari-
sche Formen in Einzeldarstellungen, Stuttgart 2002

Friedemann Spicker: „Kurze Geschichte
des deutschen Aphorismus", Tübingen 2007

„Die Welt ist voller Sprüche. Große Aphoristiker im
Porträt", Bochum 2010

Rolf Friedrich Schuett : „Aphorismus – Philosophischer Gehalt in literarischer Gestalt", 2019

Übersicht zum Gesamtwerk

Zwischen **Unterschicht**-Herkunft („Herren tut es leid, Knechten tut es weh") und religiösem **Himmelhoch** („Der Ewige und sein Urprojekt", „Neuer Cherubinischer Wandersmann") hier die drei Säulen eines lebenslangen Schreibprojekts:

1. *Tiefenpsychologie der Philosophie* („Wenn die Seele auf den Geist geht", „Heideggers philosophischer Eros")

2. *Satiren* (Essay- und Aphorismenbände)

3. *Idyllen* („Aufsätze zur logischen Form", „Zur Dialektik und Phänomenologie der Natur- und Kulturidyllen" und „Glückliche Idyllen kontemplativen Lebens im Elfenbeinturm")

   Karl Poppers „Drei Welten" : (Idyllische) Physis, (kritische) Ideen und (philosophische) Psyche.

Weiterführendes vom Autor

"Objektivität durch Subjektivität oder umgekehrt?"
Phänomenologischer Entwurf
einer dekonstruierten Erkenntnistheorie
ISBN 3-89811-157-1   *164 Seiten*

Diese Arbeit versucht, die klassische Disziplin der Erkenntnistheorie, welche heute in Wissenschaftstheorien aufzugehen droht, wiederzubeleben durch Rückgriffe auf psychoanalytische Befunde und auf aphoristische "Gnome" (griechisch "Erkenntnis") - die den philosophischen Mainstream unterirdisch begleiten - am phänomenologischen Leitfaden von Sartre, Heidegger und Conrad-Martius. Das Unbewußte gilt seit Freud als *missing link* zwischen Leib und Seele. Die Erkenntnisbedingungen und -widerstände kommen nicht nur aus Verstand oder Gegenstand, sondern auch aus leiblich fundierten Triebkonstellationen. Daß die Erkenntnis- und Selbsterkenntnisleistungen des menschlichen Bewußtseins hinterrücks oft mitbestimmt - oder systematisch verzerrt - werden durch abgewehrte Anteile der Subjektivität, wäre für die philosophischen Erkenntnistheorien endlich fruchtbar zu machen, und die Aphoristiker waren immer auch de(kon)struierende Ur-Analytiker des Unbewußten hinter rationalisierenden Bewußtseinsfassaden.

"Nur in der Fremde fühle ich Fernweh" oder :
„Die grüne Bank am Deich"   (*Idyllischer Roman*)
ISBN 3-89811-378-7   *302 Seiten*

Zwischen Gedenken und Gedanken. Ein alter und ein junger Mann sprechen über Gott und die Welt und die Seele, auch über Adalbert Stifter. Und sie erinnern sich an ein Leben in Bibliotheken und im Buch der Natur, nicht in Staat und Gesellschaft. Eines Tages kommt eine junge Frau dazu, das ist fast alles. - "Von Verwicklungen und Lösungen, von Herzenskonflikten und Konflikten überhaupt, von Spannungen und Überraschungen findet sich nichts" in diesem ruhigen Roman, der das Idyll rehabilitieren will, die heute verrufenste aller Gattungen. Das ist die sozialkritische Provokation, ein noch unzeitgemäßes Plädoyer für Studierstubenhocker in kontemplativsten Elfenbeintürmen, nicht für komische Käuze im hektischen Koma.

"Künste und Wissenschaften als verlorene Paradiese –
Essays zur Bedeutung der Kultur-Idyllen"
ISBN 3-89811-801-0   *252 Seiten*

"Die ... Unabhängigkeit, die der eine draußen in der Welt sucht, findet der andere in dem Freistaat der Kunst und Wissenschaft." (Th. Fontane) Kultur als Selbstzweck ist der einzige Garten Eden, der jedermann jederzeit offen steht. Auch und gerade Kunstwerke anti-idyllischen Inhalts z. B. stellen oft schon kraft ihrer ästhetischen Form in sich stimmige Kultur-Idyllen dar. Überfällig wäre die methodische "Contemplation in a world of action" (Th. Merton), also wird angeknüpft an Traditionsbestände, welche die heute soziohistorischen Paradigmen versuchsweise ersetzen durch gründlich entkollektivierte und praxisabstinente Theorie-Kulturen. - Die reine Bildungsidylle, die nichts als kosmische Ordnungen ohne jeden Aktionsappell betrachtet, war aber wohl immer schon selbst jene Sozialutopie, von der sie historisch meist nur begraben wird.

„Neuer Cherubinischer Wandersmann – *Laien-
brevier voll himmlischer Spruchweisheit*"

„Wenn die Seele auf den Geist geht – *Zur Tiefenpsychologie der Philosophiegeschichte*"

„Die Liebhaber der Sophie – *Europäische
Philosophiegeschichte einmal ganz anders*"

„Mit einem Satz ins Freie –
Reflexionen, Urteile und Sentenzen"

„Eine Ameise mit Bienenfleiß hat eine Meise –
Ausgewählt dumme Sprüche"

„Glückliche Idyllen kontemplativen Lebens
im Elfenbeinturm – *Hieronymus im Gehäus*"

„*Gedankenlesen* – Hirnforschung
ohne Computertomographen"

„Herren tut es leid, Knechten tut es weh –
Die Unterschicht in Klassengesellschaften"